주변의 말과 시선에 휘둘리지 않고 제가 좋아하는 영어를 계속 파고들다 보니, 저에게 다가오고, 제 말에 귀 기울여 주는 사람들이 생겼습니다. 학창 시절 저는 주변에서 흔히 말하는 '영국영어 덕후'였습니다. '덕후'라는 말에 걸맞게 영어와 관련된 것이면 닥치는 대로 찾아보았죠. 특히, 영어 중에서도 영국영어와 관련된 내용을 줄줄 꿰고 있었습니다. 아이돌의 팬이 그 아이돌에 대해 모든 것을 꿰고 있는 것처럼 말이죠. 흔히 '덕후'라고 불리는 사람들이 습관적으로 나서서 하는 행동이 하나 있는데, 바로 주변 사람들에게 본인이 좋아하는 것을 열정적으로 전파하는 겁니다. 본인이 정말 좋아하는 노래를 주변 친구들에게 끊임없이 들려주듯이, 저도 영국영어에 대해 괜히 친구들에게 알려주곤 했습니다. 물론 그 친구들은 제가 열심히 쏟아내는 영국영어 이야기엔 그다지 관심이 없었고, 저만 신나게 떠들었지만 말이죠.

그런 '영국영어 덕후'인 저는 지금 '코리안빌리'가 되었습니다. 그리고 유튜브와 같은 여러 온라인 동영상 플랫폼에서 영상을 제작해 올리며, 제가 좋아하는 영국영어뿐만 아니라 다양한 종류의 영어, 그리고 다양한 문화에 대해 실컷 이야기할 수 있는 일을 직업으로 삼고 있습니다. 제가 좋아하는 것에 대해 신나게 이야기하는 〈코리안빌리〉 채널의 콘텐츠는 한국뿐만 아니라 영국에도 알려져, 영국인까지 시청하는 콘텐츠가 되었습니다. 이렇게 제가 푹 빠져있는 영국영어에 대해 신나게 이야기를 나누다 보니, BBC 외에 여러 영국 방송국에서 초청을 받아 게스트로서 방송에 출연하기도 하고, 영국인을 위한 광고 촬영을 하기도 합니다. 심지어 영국의 길거리를 걸어다닐 때, 영국 현지인이 저를 알아봐 주시고 인사를 건네주시기도 하시죠.

제가 너무나 좋아하는 영어와 영국, 그 영국이 이제는 저를 좋아해 주다니. 저는 흔히 말하는 '성공한 덕후'인 것입니다. 제가 좋아하는 것에 계속 파고들다 보니, 이젠 제가 좋아하는 대상이 반대로 저에게 관심을 가져준 셈이죠. 거기에 힘입어 제가 좋아하는 것에 대해 다른 사람들에게 알려주는 일을 업으로 삼아서 저만의 삶을 만들어가고 있습니다.

'코리안빌리'라고 자기소개를 하고 나면, 많은 분들께서 제 직업이 뭐냐고 물어보곤 합니다. 그럴 때마다 저는 '풀타임 유튜버'라고 말하는데요. 말 그대로 유튜브 콘텐츠를 제작하는 일을 전업으로 삼는 직업인 것입니다. 유튜브 채널을 운영하기 위해 동영상 콘텐츠를 제작하는 일이 저의 주된 업무인 것이죠. 하지만 이것만 하는 게 아닙니다. 그 외에 영어와 관련된 팟캐스트를 제작하기도 하고, 영국이나 영어와 관련된 행사에 참여하여 강연을 진행하는 일도 하죠. 또, 유튜브 외의 다양한 동영상 플랫폼에서 인터넷 강의를 하는 일, 방송에 출연하는 일 등 다양한 일을 함께 하고 있습니다. 영어, 좀 더 정확히 이야기하자면 영국영어 덕분에 제 직업을 찾았고, 취업을 할 수 있었죠. 한때 단순히 영국영어 덕후에 불과했던 공성재라는 학생이 이제 성공한 덕후, 유튜버 코리안빌리가 되었습니다.

코리안빌리로서 바쁘게 살아가는 와중에 문득 이런 생각이 들곤 했습니다. '영어 아니었으면 이 모든 일이 가능하기나 했을까?', '이 모든 게 다 영어 덕분이다.'라고 말이죠. 제 인생은 영어와 뗄 수 없는 인생입니다. 초등학교에 들어가기도 전인 꼬마 아이 때부터 학창 시절을 지나 성인이 된 지금까지, 제 삶의 모든 순간에는 항상 영어가 제 곁에 있었습니다. 제가 살아오며 겪을 수 있었던 짜릿한 순간들은 모두 영어 덕분이라고 감히 말할 수 있죠.

코리안빌리의 인생이 바뀌는 영어

코리안빌리의
인생이 바뀌는 영어

초 판 1쇄 인쇄 2020년 6월 29일
초 판 1쇄 발행 2020년 7월 13일

지 은 이 | 공성재
펴 낸 이 | 고루다
펴 낸 곳 | Wit&Wisdom 도서출판 위트앤위즈덤
임프린트 | PAGODA Books
책임편집 | 공혜원
디자인 총괄 | 손원일, 정현아
마 케 팅 | 도정환, 진부영, 유철민, 김용란, 김대환
출판등록 | 2005년 5월 27일 제 300-2005-90호
주 소 | 06614 서울특별시 서초구 강남대로 419, 19층(서초동, 파고다타워)
전 화 | (02) 6940-4070
팩 스 | (02) 536-0660
홈페이지 | www.pagodabook.com

ISBN 978-89-6281-852-9(13740)

도서출판 위트앤위즈덤 www.pagodabook.com
파고다 어학원 www.pagoda21.com
파고다 인강 www.pagodastar.com
테스트 클리닉 www.testclinic.com

PAGODA Books는 도서출판 Wit&Wisdom의 성인 어학 전문 임프린트입니다.
낙장 및 파본은 구매처에서 교환해 드립니다.

BBC가 극찬한 27만 유튜버

코리안빌리의 인생이 바뀌는 영어

Billy@ Youtuber. Korean

공성재@ 지음

해외 경험 없이 한국에서 영어 잘하는 습관 들이기!!!

PAGODA Books

★ ★ ★ Prologue ★ ★ ★

평범한 학생에서 성공한 덕후가 된 코리안빌리의 인생 영어 이야기!!

"네가 뭔데 그렇게까지 영어 공부를 해?"
"네가 빠져있는 영국영어 그게 무슨 도움이나 돼?"

학창 시절 제 주변에 있는 사람들이 저에게 이렇게 말하곤 했습니다. 어떻게 보면 비수를 꽂는 말이지만, 저는 그런 말에 전혀 개의치 않았죠.

시간이 흐르고, 이제는 그 사람들이 저에게 이렇게 말합니다.

"그렇게 영어만 하더니, 내가 너 잘될 줄 알았어."
"영국영어 나도 궁금한데, 어떻게 배워야 해?"

이 책은 〈인생이 바뀌는 영어〉라는 제목 그대로 영어와 함께 한 저의 인생을 담은 책입니다. 말 그대로 제 인생 영어 이야기를 담았다는 뜻이기도 하고, 여러분의 인생이 바뀔 수도 있는 영어 이야기라는 뜻을 갖고 있기도 합니다. 제 인생 영어 이야기가 여러분의 인생을 바꿀 정도까지는 아니더라도, 여러분께서 영어에 대해 가지고 있었던 막연한 고민들을 긍정적으로 새롭게 다시 생각해 볼 수 있는 계기가 되었으면 좋겠습니다. 뿐만 아니라 여러분이 마음먹기에 따라 여러분의 인생의 선택지를 얼마든지 다채롭게 만들어볼 수 있다고 생각해 볼 수 있는 기회가 되기를 바라는 마음으로 이 책을 집필했습니다. 때로는 친구가 하는 가벼운 이야기처럼, 그리고 때로는 먼저 길을 걸어본 선배의 진지한 이야기처럼 제 이야기를 읽어보시면 될 것 같습니다.

평범한 한 부산 소년이었던 제가 영어와 함께 손을 잡고 어떻게 인생의 길을 신나게 걸어왔는지, 그리고 이 영어 덕분에 제 인생이 어떻게 바뀌었는지, 이러한 제 인생 이야기를 여러분께 가감 없이 들려드리고자 합니다. 그리고 오랜 시간 영어를 공부하며 깨달은 제 나름대로의 노하우를 여러분과 함께 나누고자 합니다.

자, 그럼 지금부터 제 삶 속으로 함께 들어가 보실까요?

Special Thanks to...

집필 및 책 발간에 도움을 주신 아버지, 어머니, 누나,
지업, 지혜, 유림, 유진, 현지, 소라, 리나, 파고다 관계자분들,
빌리언즈 및 코리안빌리 채널 구독자 여러분,
그리고 저를 응원해 주신 모든 분들

공성재
Korean Billy

2020년 6월
코리안빌리 공성재

27만 구독자가 코리안빌리에게 보내는 뜨거운 공감과 찬사!

남들 외국까지 가서 하는 유학을 한국에서 하셨네요~
한국에서도 외국에서 생활하는 것 같은 환경을 스스로 만들어내는 집념,
능력이 토종 한국인이 영어를 잘할 수 있는 유일한 비결인 것
같아요. 잘 봤습니다. ^^ Aid** ***

저 최근에 구독해서 영상 열심히 정주행하고 잇는데
평소에 영국영어에 관심 많아서 영상들 너무 도움되고 좋아요!!
항상 좋은 영상들 올려주셔서 감사합니다!!
영어 코리안 빌리님 처럼 잘하고 싶어요ㅠㅠ 상관이*********

와..진짜 성실히 착실하게 정석으로 공부 하셨네요...
진정 노력파셨네요. 자세한 영어 인생이야기
들려주셔서 감사합니다♡ 역시 최고♡ yeon*** *****

지금까지 빌리님 영상들을 보면서 참 영어를 많이 좋아하시고
많은 시간과 노력을 쏟았겠다는 생각은 했지만, 그 내용을 차근차근
듣고 나니 정말 존경스럽단 말이 안 나올 수가 없네요. 너무 잘 들었어요,
빌리님:) 이런 좋은 영상 남겨주셔서 감사해요!! Seung**** ***

저희 영어선생님이 이 영상 보여주셨는데
저희 반 애들 다 이 영상에 반했어요ㅋㅋ 호**

제가 영어를 배워야만 하는 이유 진짜 와 닿아요. 지금 당장은
다른 게 더 급하고 번역과 통역에 의존해서 영어를 계속 미뤄오고 있었지만
영어로 읽고 싶고 듣고 싶은 정보 너무 많고 같이 이야기 나누고 싶은 분들도 너무 많아서
정말 배워야 할 것 같아요! 단순히 입시나 취업을 위한 삭막한 영어공부가 아니라
진심 있는 동기를 가지고 시작할 수 있어서 좋은 것 같아요. 엄청난***

저 지금 런던에서 생활하는데 빌리님 덕에
진짜 많은 표현을 활용하고 있어요!
빌리님 덕에 영어실력이 많이 늘어서 정말 감사하고 있어요 tv**

지금의 빌리님은 그동안 수없이 한길을 걸어온 집념 때문인것 같아요.
정말 도움이 많이 되었습니다. 영원한 팬입니다~ Viv* **

완전공감 ㅋㅋ 빌리님도 영어가 아주 유용한
도구인 언어라는걸 강력히 강조하고 있네요 ㅋㅋ
지금 현재 다른 나라 사람들 끼리 만나서 대화를 해야 한다면
우리는 영어로 대화를 하죠? 글로벌 시대. ㅋㅋㅋ
영어를 통해서 더욱 넓은 세상과 다양한 사람들을 접하며
인생 더 즐기며 살자구요 ㅋㅋ Sju*** **

영국에서 유학중인 학생인데요!
오늘 영국 현지인 친구를 만났는데, 한국인 영어 강사가 뉴스에 나왔다고
이야기 하면서 검색해서 알려주는데 Koreanbilly 님이더라구요!!!
그래서 찾아봐야겠다 했는데 이 영상이었네요. 완전 자랑스러워요!!!!! 박**

언론도 주목한 코리안빌리 스토리

리버풀 사투리로 영국 스타 된 한국 청년 BBC "영국 북부 사투리를 지켜줄 구세주"

부산 출신 공성재 씨는 고등학생 시절 영국 음악과 영화, 드라마에 푹 빠졌습니다. '영국 덕후'가 된 공 씨는 '코리안 빌리'라는 유튜브 채널을 열고 영국 표준 영어와 사투리를 비교하는 영상을 올렸습니다. 영상은 말 그대로 '대박'이 났습니다. BBC에서 소개할 정도로 유명해진 '코리안 빌리', 좋아하는 일을 통해 성공한 '성덕(성공한 덕후)'의 대표주자입니다.

– 2017.10.29 JTBC 소셜스토리

영국 스타 '코리안빌리' 공성재, 부산서 청년들 만난다

올 상반기 영국 전역은 한국의 한 취업준비생 '코리안 빌리(Korean Billy)'에게 열광했다.
그는 영국 북부의 작은 마을에 6개월간 교환학생으로 머문 경험을 바탕으로 영국식 영어의 표준과 전국 사투리를 탐구하고 터득한, 영국인 보다 영국의 구석구석 30개 사투리를 포함해 본토 영어를 잘하는 달인이다. 영국은 그를 "영국 북부지역 억양을 지킬 구세주" 등의 찬사를 쏟아냈다. 군대 간 한국 남친을 기다리던 영국 '곰신'의 한국어 터득 유튜브와는 반대 상황이다. 유튜브 영국영어 무료강의가 BBC 등에 방송되면서 영국민의 찬사를 한몸에 받은 '코리안 빌리' 공성재(26)씨는 취업시험에 수차례 낙방한 뒤, 활로를 찾기 위해 영어에 몰두했다고 한다.

– 2017.09.12 헤럴드 경제

영국 사투리 달인
"취업실패가 '코리안 빌리' 만들었죠"

'그를 성공한 유튜버로 이끈 건 사실 '취업 실패'다. 졸업을 앞두고 열 군데 가까이 원서를 냈지만 모두 낙방했다. "방송기자가 되거나 영어, 외국문화 관련 분야에서 일하고 싶었는데 쉽지 않더라고요." 갈수록 심화하는 취업난에 한 번쯤 졸업을 미룰 수도 있었지만, 오히려 공씨는 '학교 밖으로 나가야 새로운 것을 할 수 있겠다'는 생각에 지난해 2월 무작정 졸업했다. (중략)

얼마 전엔 꿈에 그리던 기업 BBC에서 취업 제안도 받았다. "곧 한국지사를 만든다며 '같이 일해볼 생각이 있냐'고 묻더라고요. 기분이 무척 좋았죠. 그런데 유튜브를 접어야 하니 아쉽더라고요. 아직 개인적으로 활동하면서 보여주고 싶은 게 많아서, 취직하는 건 다음 기회로 미루기로 했어요."

– 2017.04.20 한국일보

영국 사투리를 하는 한국 청년

사실 공성재씨는 부산에서 태어나고 자랐습니다. 대학에 진학하면서 지금 살고 있는 서울로 오게 되었죠. 대학 졸업 전에 교환학생으로 6개월 영국에 다녀온 것과 유럽에 배낭여행을 다녀온 것이 그가 해외에 머무른 경험의 전부입니다. 하지만 그는 영국식 영어를 자유롭게 구사할 수 있고 일본어는 2급 자격증까지 있는데요, 주로 혼자 외국어 공부를 해온 그는 무엇보다 즐겁게 공부하는 것이 중요하다고 말합니다.

– 2016.06.27 EBS 뉴스G

Contents

PART 2 코리안빌리처럼 해외 경험 없이 한국에서 영어 잘하는 법

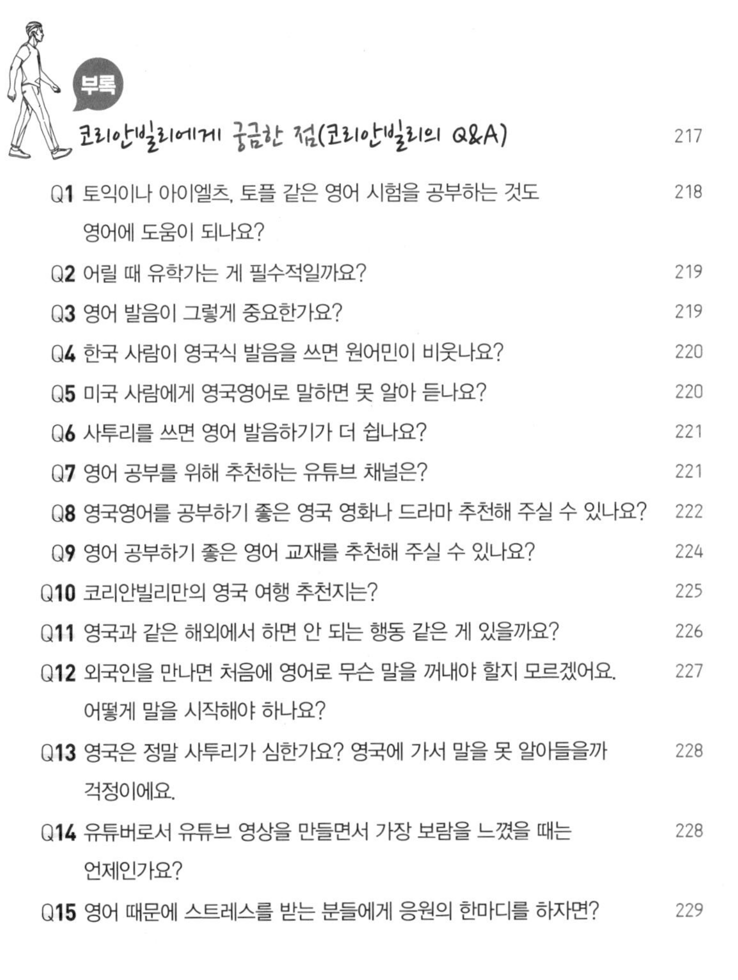

PART 1

한국 토박이 공성재, 영국 BBC에 출연하는 유튜버 코리안빌리가 되다

Korean Billy

http://www.

YouTube

그저 영어가 좋았던 아이

영어와의 인연이 처음 시작된 건 아주 어렸을 때였습니다. 호기심 많던 유치원생 시절, 누나가 공부하는 공책에서 제가 읽을 수 없는 특이한 글자들이 빼곡히 쓰여 있는 것을 발견했죠. 어머니께 여쭤 보니 외국에서 쓰는 '영어'라는 언어라고 하시더군요. 이제껏 이 세상에 존재하는 언어라고는 한국어 밖에 없는 줄 알았는데, 다른 나라 사람들은 우리와 다른 언어를 사용한다니! 왠지 모르겠지만, 모양도 소리도 다른 외국어가 마냥 신기하고 새롭게 느껴졌습니다. 그중에서도 전 세계적으로 가장 많은 사람들이 사용한다는 영어가 제일 흥미로웠습니다. 그렇게 영어의 존재를 알게 된 뒤로, 저는 뭔가에 홀린 듯이 영어에 푹 빠졌습니다.

토종 한국인이 한국에서 영어를 마스터하기까지

▼ 동영상 바로 가기

당시 저는 누나가 영어 공부를 하려고 모아 놓은 책과 인쇄물을 마음대로 꺼내서 무작정 읽어 보았죠. 이해가 되든 안 되든 그냥 눈으로 열심히 보았습니다. 그렇게 영어라는 새로운 언어에 대해 아는 게 더 많아질수록 제가 말하고 쓸 수 있는 게 많아진다는 게 마냥 좋았습니다.

영어에 흥미를 가지고 있던 저에게 더 큰 불을 붙인 것은 바로 영어 비디오 테이프였습니다. 틈만 나면 부모님께서 누나와 함께 보라고 사 주신 영어 비디오 테이프들을 틀어 봤습니다. 그중에는 당시 어린이들에게 큰 인기를 끌었던 '아기공룡 둘리'와 함께 영어 공부를 하는 비디오 테이프도 있었고, 〈인어공주The Little Mermaid〉나 〈알라딘Aladdin〉과 같은 디즈니 애니메이션도 있었습니다. 당시에는 스마트폰이 없던 시절이라서 비디오 테이프를 통해 영어 컨텐츠를 시청하는 게 저에겐 가장 재미있는 놀이 중 하나였죠. 친구들이 놀이터에 나가서 놀거나 게임을 할 때, 텔레비전 앞에 앉아 질리도록 같은 비디오를 반복해서 보는 저를 보며 부모님께서는 무척 신기해 하셨죠. 그렇게 같은 것을 반복해서 보고 또 보다 보니 저도 모르게 애니메이션에 나오는 영어 대사와 영어 노래 가사가 줄줄 외워졌습니다. 〈둘리의 배낭여행〉에서 둘리와 친구들이 미국 뉴욕에 도착할 때 나오는 "New York~ New York~ Let's speak English~"라는 노래가 있는데, 비디오를 볼 때마다 정말 신나게 따라 불러서 아직까지 가사가 기억 날 정도입니다. 디즈니 애니메이션 노래 중에서는 〈인어공주〉의 삽입곡인 "Under the Sea"와 〈알라딘〉의 삽입곡인 "A Whole New World"를 특히 좋아했습니다. 무슨 뜻인지도 잘 모르면서 무작정 들리는 대로 노래를 외워서 따라 부르곤 했던 것이죠.

수많은 비디오 테이프들 중에서도 저에게 가장 큰 영향을 준 건 따로 있었습니다. 바로 영국 BBC에서 제작한 영어 교육 비디오인 〈곤돌랜드의 마지 Muzzy in Gondoland〉라는 애니메이션 시리즈였죠. 이 시리즈는 영어가 모국어가 아닌 유아들을 위해 BBC가 심혈을 기울여 만든 ESL English as a Second Language용 영어 학습 비디오 교재였습니다. 마지라는 주인공과 곤돌랜드의 친구들이 나와서 펼쳐지는 스토리 사이사이에 주요 학습 표현이 나오고, 캐릭터들이 등장하여 이를 연습할 수 있게끔 구성되어 있습니다. 워낙 세계적으로 유명한 시리즈라 어머니께서도 그 당시 큰맘 먹고 저를 위해 이 비디오 시리즈를 구매하셨어요. 이미 집에 구비되어 있던 여러 비디오 테이프들 중에서도 이 〈곤돌랜드의 마지〉 시리즈가 쉽게 따라 부를 수 있는 재밌는 노래들도 많고 줄거리도 재미있어서 수도 없이 봤던 기억이 납니다. 나중에는 하도 많이 봤더니 테이프가 닳을 정도였죠. 비디오에서 흘러나오던 노래가 지금까지도 생생히 기억납니다. 지금 와서 생각해 보면 이 비디오 교재와 훗날 영국 덕후가 된 저의 만남은 운명적이지 않았나 싶어요. 저는 아주 어렸을 때부터 영국 BBC에서 제작한 이 비디오 교재를 통해서 영국영어도 자연스럽게 같이 접하게 된 거죠. 물론 그때는 미국영어와 영국영어가 있다는 개념조차 제 머릿속에 없었지만, 비디오에 등장하는 영국영어를 따라하면서 알게 모르게 영국영어를 익힐 수 있었습니다.

"첫인상이 평생을 좌우한다."라는 말이 있죠? 알록달록한 그림책들, 신나는 노래가 흘러나오는 애니메이션을 통해 영어를 접했기 때문인지 그 당시 제 머릿속에서 영어에 대한 첫인상은 '마냥 신나고 재미있는 것'이었습니다. 그렇다 보니 그 이후에도 저는 영어에 대한 거부감을 전혀 갖지 않았죠. 만약에 제가 영어를 처음 접할 때 '영어는 억지로 공부해야 하는, 지루한 것'이라는 첫인상을 받았다면 과연 영어에 푹 빠질 수 있었을까요?

Talk with Korean Billy

POINT

여러분은 영어와의 첫 만남이 어땠나요?

여러분도 자신이 가지고 있는 영어에 대한 첫인상을 떠올려 보세요. 영어를 언제 처음 만나셨나요? 그리고 여러분이 가진 영어에 대한 첫 이미지는 어땠나요?

물론 영어에 대한 좋은 첫인상을 가지고 계신 분들도 계시겠지만, 영어에 울렁증을 가지고 계신 분들을 보면 대게 첫인상이 나빴던 경우가 많습니다. 아래 문항을 보고 여러분들은 어느 정도인지 체크해 보세요.

영어 울렁증 평가

☑ **Checklist**

1. 외국인을 보면 일부러 피하거나 도망간다. ☐
2. 외국인이 많은 곳이나 이태원이 왠지 모르게 꺼려진다. ☐
3. 미드나 영드에 큰 흥미가 없다. ☐
4. 지금까지 본 미드나 영드가 2편 이하이다. ☐
5. 영어 드라마나 영화를 볼 때는 더빙으로 보는 걸 더 선호한다. ☐
6. 외국인이 나를 쳐다보면 왠지 모르게 떨린다. ☐
7. 외국인 앞에서 영어로 자기 소개를 할 수 없다. ☐
8. 외국인을 보면 무슨 말을 해야 할지 몰라 안절부절한다. ☐
9. 길을 헤매는 외국인을 보면 도와주고는 싶지만 방법을 몰라서 피한다. ☐
10. 영어는 재미있기보다는 시험이나 취업 등 목표를 달성하기 위해 공부하는 편이다. ☐

→ 0~3개 영어에 대한 거부감이 없는 상태
3~5개 영어에 대한 약간의 울렁증이 있는 상태
5~7개 영어에 대한 울렁증이 상당히 있는 상태
8~10개 영어에 대한 단순한 울렁증을 넘어서 영어에 대한 안 좋은 감정이 많은 상태

나는 왜 '영국' 덕후가 되었나

저는 초등학교에 입학하기 전까지는 영어 비디오 테이프로 노래하고 따라 말하며 즐겁게 공부를 했습니다. 그러나 중·고등학생이 되어서는 저 또한 입시를 위한 영어 공부를 해야 했습니다. 그렇게 영어 내신 공부에 지쳐 있던 고등학교 시절에 저는 가끔씩 기분 전환을 위해 짬이 날 때마다 제가 좋아하는 외국 영화나 드라마를 시청하곤 했죠. 늘 해외에 나가보고 싶던 저는 이렇게라도 영어를 접하면서 잠시 외국에 나가 있는 듯한 상상에 빠지곤 했습니다. 가장 좋아했던 영화는 제가 초등학생일 때 개봉한 해리포터 시리즈의 첫 번째 작품인 〈해리포터와 마법사의 돌Harry Potter And The Sorcerer's Stone〉이었습니다. 이 영화를 만난 이후로 저는 멋지고 깔끔한 영국 말투와 영국 영화의 매력에 푹 빠지게 됐죠. 특히, 헤르미온느의 똑 부러지는 말투가 너무 멋져서 혼자서 헤르미온느의 대사를 따라해 보기도 했습니다.

월드 스타 코리안빌리가 영국 영어 덕후가 된 이유

▼ 동영상 바로 가기

해리포터로 영국 영화에 입문한 저는 고등학생 때 영국 BBC 채널에서 방영한 국민드라마 〈닥터 후Doctor Who〉를 시청하면서 영국 영화뿐만 아니라 영국 드라마의 세계에까지 입문하게 됩니다. 그리고 드라마 〈닥터 후〉의 주인공인 닥터가 자신감 넘치게 말할 때마다, 저도 성대모사를 하듯이 똑같이 그의 말투와 표정 등을 따라해 보며 자신감 있게 영어로 말해 보려고 연습하곤 했습니다.

그러던 어느 날 문득 저는 미국 드라마나 영화가 영국 드라마나 영화와 분위기나 발음이 좀 다르다고 느끼기 시작했습니다. 영국 드라마와 영화에 등장하는 캐릭터들의 말을 귀 기울여 들어보니 평소에 듣던 영어와는 발음이 다르다는 것을 알게된 것이죠. 예를 들어, 학교에서 배우는 영어는 미국식 영어를 기준으로 하기 때문에 물을 영어로 말할 때 보통 [워럴]과 같이 발음하지만 영국인 캐릭터는 [워터]로 발음한다는 것입니다. 이렇게 미국영어와 영국영어가 서로 다른 영어라는 사실을 발견한 저는 적지 않은 충격을 받았습니다.

그전까지만 해도 당연히 영어는 한 가지 종류만 있다고 생각했기 때문이죠. 우리나라에서는 수업 시간에 미국식 영어를 기준으로 영어를 가르치기 때문에 저는 단순히 '영어=미국 말'이라고만 생각했습니다. 영국식 영어나 호주식 영어를 들어도 그게 같은 영어라고 생각하지 못한 거죠. 하지만 이렇게 영국에는 미국과는 다른 영국식 영어가 존재한다는 걸 알게 되었고, 제가 초등학생일 때부터 즐겨봤던 해리포터 영화 시리즈의 등장인물들이 이 영국영어를 사용한다는 것도 그제야 깨달았습니다. 그리고 영국영어 특유의 강한 억양과 당당한 말투가 제게는 더욱더 매력적으로 다가왔습니다.

제가 영국 덕후가 된 또 다른 계기는 바로 영국 음악 때문입니다. 중학교 영어 수업 시간에 처음으로 비틀즈The Beatles의 "Yellow Submarine"과 오아시스Oasis의 "Wonderwall"이라는 노래를 듣게 되었는데, 정겨우면서도 감성적인 멜로디가 저를 사로잡았죠. 그 이후로 비틀즈와 오아시스의 다른 노래들을 모조리 찾아 들으며 두 밴드의 노래에 푹 빠져 버렸습니다. 처음엔 영어 공부를 위해 듣기 시작했지만 나중에는 영어 학습 자료가 아닌 음악으로서 노래를 듣게 된 것이죠. 제가 영국 음악에 완전히 사로잡히게 된 건 고등학생일 때입니다. 그 당시 미카Mika의 곡이 한창 유명했습니다. 저는 미카의 음악을 들으며 새로운 영국 음악을 즐기기 시작했는데, 그 시점에 바로 아델Adele까지 데뷔를 하여 영국을 발칵 뒤집어 놓았죠. 아델의 데뷔 앨범을 처음 들었을 때 노래가 너무나 좋아서 충격을 받았던 기억이 납니다. 미카의 곡인 "My Interpretation"과 아델 데뷔 앨범에 수록된 곡인 "Hometown Glory"는 제가 아직도 너무나 좋아하는 곡이기도 하죠. 이 곡들을 들으면 처음 영국 문화를 접했을 때가 떠올라 괜히 설레는 감정이 되살아나곤 합니다. 이렇게 영국 문화에 푹 빠져 있던 저는 아주 자연스럽게 영국영어를 익히게 되었고, 나아가 자연스럽게 영국이라는 나라에 직접 가 보고 싶다는 생각까지 들기 시작했습니다. 하지만 그 당시의 저는 고등학생이었기 때문에 혼자 먼 외국에 가는 건 쉽게 상상할 수 없는 일이었죠. 그래도 영국에 너무나 가고 싶은 나머지, 고등학교를 졸업하면 영국에 있는 대학교로 진학해야겠다는 생각으로, 아무 영국 대학교를 찾아 그 대학의 입학처에 무작정 입학 문의 메일을 보내기도 했습니다.

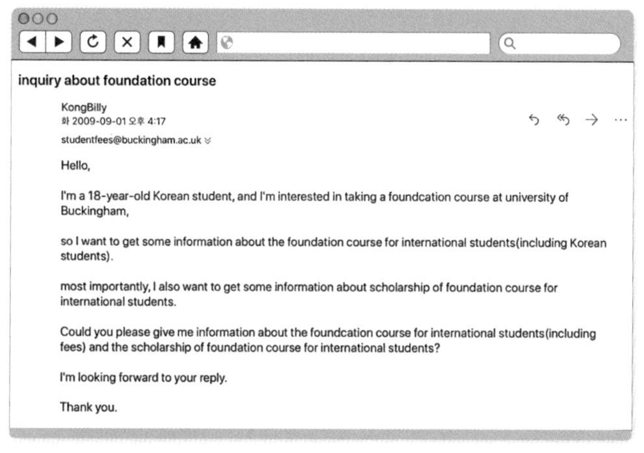

inquiry about foundation course

KongBilly
화 2009-09-01 오후 4:17
studentfees@buckingham.ac.uk

Hello,

I'm a 18-year-old Korean student, and I'm interested in taking a foundcation course at university of Buckingham,

so I want to get some information about the foundation course for international students(including Korean students).

most importantly, I also want to get some information about scholarship of foundation course for international students.

Could you please give me information about the foundcation course for international students(including fees) and the scholarship of foundation course for international students?

I'm looking forward to your reply.

Thank you.

▲ 그 당시에 버킹엄 대학에 직접 보냈던 문의 이메일

"(영어로) 안녕하세요. 저는 한국에 사는 열여덟 살 학생입니다. 버킹엄 대학교에 입학하고 싶은데, 한국인 학생을 포함하여 유학생들이 졸업 후 영국 대학교에 입학하려면 파운데이션 과정[1]이라는 걸 들어야 한다고 알고 있습니다. 그건 어떻게 듣는 것이고, 학비는 얼마인가요?"

1) **파운데이션 과정**International Foundation Programme은 '대학 예비 과정'이란 뜻으로, 영국 정규 고등학교에서 시행하는 대학 진학 시험인 2년제 A-Level 과정을 영국의 대학 진학을 희망하는 외국 학생들을 위해 1년 과정으로 축약한 '외국인 특례 입학 과정'이다.

당시 어린 제가 멋모르고 무턱대고 보낸 이메일이었지만 버킹엄 대학교의 입학 담당자는 친절하게 답장을 보내 주었습니다. 하지만 영국 대학교에 입학하는 건 비용이나 물리적으로 쉬운 일이 아니었기에 결국 포기하게 되었죠. 그렇게 막연히 영국에 가고 싶다는 생각을 하고 있던 어느 날 저는 문득 이런 생각을 했습니다. "영국이라는 나라에 가려면 일단 그 나라의 언어를 배우는 게 먼저 아닐까?" 그때부터 저는 영국영어에 대해 제대로 배우기 시작했습니다. 가장 먼저, 영국영어를 배울 수 있는 교재부터 구입했죠. 영국영어를 기준으로 영어 문법을 공부할 수 있는 교재와 영국식 단어, 표현들을 배울 수 있는 교재를 구해서 풀어보기도 했습니다. 주로 저는 케임브리지 대학 출판부에서 출간한 교재를 많이 활용했는데, 영국의 명문 대학인 케임브리지에서 출간한 영어 교재라는 점이 다른 무엇보다 신뢰감을 주었기 때문입니다. 문법이나 단어뿐만 아니라 발음을 공부할 수 있는 교재도 따로 구입했습니다. 발음 공부 교재를 구입하면 교재용 CD도 함께 받았는데, CD에 담긴 영국 원어민의 음성 파일을 수도 없이 듣고 음성 파일 속 영국 원어민의 발음을 열심히 따라하며 영국영어 발음을 익혀갔습니다.

어릴 때부터 늘 취미로 보던 영국 영화와 영국 드라마도 좋은 교재였죠. 영국 작품에 등장하는 캐릭터의 대사에 귀 기울이면서 영국영어가 일상 생활 속에서 어떤 식으로 사용되는지 배우기도 하고, 영국식 표현이 나오면 따로 노트에 정리해 외우기도 했습니다. 영국영어를 배우기 전까지만 해도 미국식 영어를 기준으로만 영어를 공부했었기 때문에 제가 사용하는 영어 단어나 발음은 모두 미국식이었습니다. 따라서, 제가 머릿속에 가지고 있는 미국식 영어 발음부터 모두 영국식 발음으로 고쳐야 했습니다. 이미 습관처럼 굳어진 영어 발음을 고치는 게 쉽지가 않았습니다. 그래도 오랜 시간을 거쳐

하나씩 고쳐 나갔습니다. 지금 생각해 보면 굳이 이걸 다 고치면서까지 영국영어를 공부해야 했나하는 생각이 들지만, 한편으로는 영국에 가고 싶은 열망이 당시 얼마나 컸으면 이렇게 완벽하게 영국영어를 구사하려고 했을까라는 생각이 듭니다.

여기에도 모자라 저는 영국영어를 접할 수 있는 또 다른 매체들을 찾기 시작했습니다. 제가 영국영어를 처음 제대로 공부했던 고등학생 시절에는 유튜브가 없었기 때문에 영국영어를 배울 수 있는 자료가 많지 않았습니다. 그래서 한국에서 구할 수 있는 영국영어 자료를 닥치는 대로 다 찾아보기 시작했습니다. 우선 영국영어를 공부하는 한국 사람들이 모이는 인터넷 카페에 가입하여 서로 지식을 공유하기도 했습니다. 때마침 EBS에서 〈바삭바삭 영국영어〉라고 하는 새로운 라디오 프로그램이 방영 중이었습니다. 오직 영국영어만 집중적으로 가르쳐 주는 내용이었는데, 딱 저를 위한 프로그램이었죠. 이 방송을 한 번도 빼먹지 않고 청취를 한 덕분에 영국영어와 영국 문화에 대한 지식을 한층 더 쌓을 수 있었습니다.

이렇게 열정적으로 공부를 하던 어느 날, 더 이상 교재만으로 영국영어를 공부하기에는 한계가 있다는 생각이 들었습니다. 이제 공부한 것을 바탕으로 실제 영국 사람과 대화를 하고 싶다는 욕구가 강하게 일어나기 시작했죠. 그래서 당시 유행했던 온라인 펜팔을 찾기도 했습니다. MSN 메신저와 같이 전 세계 사람들이 사용하는 온라인 메신저가 있었기 때문에 쉽게 외국인 펜팔 친구들과 메신저를 통해 채팅을 할 수 있었습니다. 또 다른 펜팔 사이트를 찾던 중 무료 펜팔 사이트인 〈인터팔InterPals〉이라는 곳을 발견했는데 운이 좋게도 이 펜팔 사이트에서 한국 문화에 관심이 있는 영국인 펜팔 친구를 여러 명 만날 수 있었습니다. 제가 늘 가보고 싶은 영국에서 이미 살고 있는 사람들과 이야기를 나눠 보니 그 자체만으로 너무 재밌었습니다. 영국인 친구 역시 본인이 아직 가 보지 못한 나라인 한국에서 사는 사람에게서 한국에 대한 이야기를 생생하게 들어 볼 수 있으니, 서로 이야기하는 데 시간 가는 줄 몰랐습니다. 영어 공부를 하다가 모르는 것도 물어보고, 영국인 친구들과 이야기를 나누며 교재에서는 접할 수 없는 생생한 영국영어를 배울 수 있었죠. 이때 알게 된 영국인 펜팔 친구들은 10년이 넘게 지난 지금까지도 연락을 이어가면서 친하게 지내고 있습니다. 정말 신기하고 소중한 인연이죠. 영국영어와 영국 문화에 푹 빠진 저는 펜팔을 통해 자연스레 언어를 익히고 지구 반대편에 있는 영국 사람과 친구가 되었습니다. 제 삶과 영국과의 인연은 이렇게 깊어져만 갔습니다.

Talk with Korean Billy

POINT

여러분이 좋아하는 영어는 어떤 영어인가요?
지금까지 접한 영어 콘텐츠 중 여러분이 좋아하는 영화, 음악, 드라마, 캐릭터는 무엇인가요?

수능 대신 영어로만 대학에 간다고?

고등학교 2학년이 되면 학생들은 대학 진학에 대해 진지하게 고민하기 시작하죠. 저도 마찬가지로 고등학교 2학년이 된 그해 봄, 어떻게 내가 원하는 대학교에 갈 수 있을까에 대해 고민하기 시작했습니다. 당시 부산에 거주하고 있던 저는 흔히들 말하는 '인서울' 대학으로 진학하고 싶었는데, 과연 제가 들어갈 수 있을지 막막했습니다. 제 학교 성적은 뛰어나게 좋지도 않고 그렇다고 나쁘지도 않은 평균 이상의 성적이었고, 유일한 장점은 영어 성적이 유독 뛰어나다는 점이었죠. 수학과 과학 성적은 그다지 좋지 않았습니다. 타고난 문과생이라고 할 수 있었죠. 전체적인 학교 성적을 살펴보니 대학수학능력시험을 통해 제가 원하는 대학교에 진학하는 게 쉽지 않을 거라는 생각이 들었습니다. 수능 점수를 통해 상위권 대학교에 진학하기 위해서는 모든 과목에서 뛰어난 점수를 받아야 했기 때문이죠. 높은 입시 장벽을 실감하니 마음이 무거워졌습니다.

그러던 어느 날 제가 가고 싶은 여러 대학교의 안내 책자를 쭉 살펴보다가 대학 입시 전형 안내 페이지에서 '영어특기자 전형'[2]이라는 것을 발견했습니다. '내가 못하는 과목들의 점수를 올리는 데 시간을 쏟을 바에, 차라리 내가 잘하는 영어 실력을 더 극대화하는 데 시간을 투자하는 게 더 효율적이지 않을까?'라고 생각했죠. 대학수학능력시험의 모든 영역과 내신 과목에서 골고루 좋은 점수를 받을 자신은 없었지만, 영어 점수 하나만큼은 남들과 달리 뛰어나게 잘 받을 자신이 있었습니다. 당시 고등학교 2학년이었던 저는 먼저 영어 특기자 전형이 있는 모든 대학교의 목록을 정리해 보았습니다. 영어 특기자 혹은 국제화 전형은 각 대학마다 차이가 조금씩 있긴 했지만 크게 두 가지 관문이 있습니다. 첫 번째 관문에서는 토익 점수나 토플 점수와 같은 공인 외국어 성적을 통해 1차 합격자를 선정하고, 두 번째 관문에서는 영어 면접을 통해 최종 합격자를 선정하는 방식이었죠. 제가 준비할 그 당시 영어 특기자 입시 전형 중에서는 학교 내신 성적과 수능 점수가 전혀 필요 없는 전형이 많았습니다. 오로지 영어 실력만으로 대학 합격자를 뽑았던 거죠. 이 부분이 제가 영어 특기자 전형을 준비하기로 결심하게 된 결정적인 계기가 되었습니다. 하지만 이 전략은 한편으로는 '모 아니면 도' 같은 무모한 도전이었죠. 합격자를 많이 뽑는 전형도 아니고, 경쟁률도 낮지 않았으며, 이 전형에서 떨어지면 바로 그다음 해의 재수로 이어지는 것이었으니까요. 그렇게 저는 이 무모한 도전을 시작했습니다.

---

2) **영어 특기자 전형**은 공인점수(토플, 토익, 텝스), 학력평가(AP, SAT, ACT), 학교내신, 생기부, 교내수상, 외부수상(말하기, 쓰기, 토론 등), 동아리, 논문, 봉사, 자기소개서, 추천서 등을 모두 평가하는 종합서류평가형과 주로 영어 에세이로 학생을 선발하는 에세이형, 주로 공인점수와 면접을 통해 선발하는 공인점수형 등 3가지 형태가 있다.

고등학교 2학년 봄, 본격적으로 영어 특기자 입시 작전을 시작했습니다. 첫 번째 작전은 영어 특기자 전형의 첫 번째 관문인 '공인영어시험 성적 준비하기'로, 저는 무작정 토익 공부를 시작했습니다. 토익이란 보통 취업을 위해 대학생들이 영어 능력을 인증받기 위해 치르는 시험인데 당장 대학교에 진학한다는 고등학생이 수능이 아닌 토익 공부를 시작한 것이죠. 제 목표 점수는 990점 만점이었습니다. 처음 토익 공부를 시작할 때는 토익에 대해 아무것도 모르는 상태였기 때문에 먼저 두꺼운 토익 기초 서적부터 구입했습니다. 따로 토익 학원에 다닐 시간이 없어서 인터넷 강의를 활용하여 공부를 시작했죠. 제가 영어 특기자 전형을 준비하기 위해 토익 공부를 하니 주변에서는 약간 유별난 아이라고 눈총을 주기도 했습니다. 그 당시에는 영어 특기자 전형 자체가 학생들에게 생소했고, '영어 특기자'라고 하면 해외 유학을 오래 다녀온 학생이거나 전국 고등학생들을 통틀어 영어 실력이 어마어마하게 우수한 학생이라고 여겨졌죠. 물론 저도 교내에서 영어 점수를 잘 받긴 했지만, 앞서 이야기한 영어 특기자라고 하기엔 실력이 많이 부족해 보였던 것이 사실입니다. 그래도 저는 주변의 시선에 신경 쓰지 않고 저의 가능성을 믿고 묵묵히 필요한 공부를 해 나갔습니다. '대다수의 사람들이 가는 길이라고 해서 나에게도 맞는 길이라는 법은 없다.'라는 생각을 하며 저만의 공부길을 걸어 나갔죠.

토익 공부를 하면서 영어 자체에 대한 기초를 다시 탄탄하게 다져야겠다는 생각이 들어, 문법 공부도 함께 시작했습니다. 저는 케임브리지 대학 출판부에서 출간한 〈그래머 인 유즈Grammar in Use〉라는 문법책으로 영어를 기초부터 탄탄히 쌓아 올렸습니다. 이 시리즈는 초급, 중급, 고급의 세 가지 난이도가 있는데, 세 단계의 책을 모두 정독했죠. 초급 문법책에는 물론 제가 지금까지 학교에서 공부하며 배웠던 문법 내용도 많이 있었습니다.

문법책을 통해 정말 꼼꼼하게 문법을 공부하다 보니 초급 레벨의 내용이라도 제가 어떤 부분을 정확히 몰랐는지 발견할 수 있었습니다. 이렇게 부족했던 문법 지식을 하나둘씩 메꿔 나가는 식으로 공부를 이어 갔습니다. 토익 공부와 함께 문법 공부도 매일 유닛 3~5개씩 정독해 나갔습니다. 초급 난이도부터 고급 난이도까지 체계적으로 문법 공부를 해서인지 기초 실력을 확실하게 다질 수 있었고, 이걸 토대로 영어 실력을 더욱 빠르고 높게 쌓아 올릴 수 있었습니다. 기초 실력부터 탄탄하게 다진 후 토익을 공부하자 좀 더 토익 공부가 쉽게 느껴졌고 학습 속도도 빨라지기 시작했습니다. 토익 기초 서적을 모두 끝낸 뒤에는 실전 감각을 익히기 위해 토익 모의고사 교재를 통해 토익 문제를 끊임없이 풀기 시작했습니다. 이때는 실제로 시험을 치는 것처럼 시간을 정확하게 재며 문제를 풀었죠. 모의고사 한 회 분량의 문제를 다 풀고 채점을 한 뒤에는 틀린 문제에 대한 오답노트를 만들었습니다. 이 과정을 계속 반복하며 오답 수를 점차 줄여 나갔습니다. 문제를 풀다가 모르는 단어가 나오면 그 단어들을 따로 노트에 모아서 저만의 단어장을 만들며 복습도 철저하게 했습니다.

토익 공부를 처음 시작한 지 약 3개월 뒤, 연습 삼아 난생처음으로 토익 시험에 응시했습니다. 처음 응시하는 거라 무척 긴장한 상태로 시험을 쳤죠. 그리고 몇 주 뒤에 공개된 첫 토익 점수는 바로 845점이었습니다. 벌벌 떨면서 문제를 풀었던 것 치고는 꽤 괜찮은 점수라고 할 수 있었죠. 토익 시험 공부를 했던 기간은 길지 않았지만, 어렸을 때부터 수많은 영어 컨텐츠를 접하며 즐겁게 영어를 공부했기 때문에 첫 시험에서 바로 이런 점수가 나올 수 있었던 것입니다. 하지만 제가 목표하는 대학들에 지원하려면 점수가 기본 900점 이상이 되어야 했기에 이 점수로는 대학 합격의 문턱에도 갈 수가 없었습니다.

저는 첫 시험 이후로 더 자극을 받고 더 본격적으로 공부를 하기 시작했습니다. 학교의 모든 수업이 다 끝나면 밤까지 학교에 남아 매일 2~3시간씩 공부를 하는 야간자율학습 시간이 있었습니다. 몇몇 친구들은 밤까지 학교에 가둬 놓는다며 투정을 부렸지만, 저는 이 시간이 좋았습니다. 학업 분위기가 조성된 환경에서 제가 원하는 영어 공부에 온전히 집중할 수 있었기 때문이죠. 저는 하루도 게을리하지 않고 이 시간 동안 토익과 영어 문법을 공부하는 데에 집중했습니다. 매일 이렇게 공부하니 교재 한 권을 끝내는 건 순식간이었습니다. 6개월 만에 토익 문제집을 10권 넘게 다 풀고 나니 서점에 출간되어 있는 모든 문제집을 다 푸는 지경에까지 이르렀죠. 서점에 새로운 문제집이 나올 때까지 손꼽아 기다렸다가 출간되자마자 그 문제집을 사서 바로 해치워 버리기도 했습니다.

그렇게 혼자서 수개월에 걸쳐 토익 문제집을 풀고, 영어 단어를 외우고, 문법 공부를 하며 외롭고도 치열한 공부를 이어 나갔습니다. 그러는 와중에도 매달 토익 시험에 응시했습니다. 토익 공부를 반 년 넘게 하고 나니 대충 토익 문제 유형이 어느 정도 파악되기 시작했고, 어떤 단어가 많이 등장하는지, 흔히 말하는 토익스러운 문제는 어떤 건지 느낌적으로 알 수 있게 되었습니다. 토익 유형에 대해 제대로 파악이 된 후에는 문제에 집중하고 실수를 줄이는 훈련을 하며 정신력 싸움을 해 나갔습니다.

▲ 영어 특기자 전형을 준비하며 풀었던 토익 문제집들

그 와중에 학교 중간고사와 기말고사도 준비해야 했죠. 학교 내신을 위해 다른 과목도 따로 시간을 내서 공부해야 했는데, 사실 이 시기에는 영어 공부만 하기에도 시간이 빠듯했습니다. 그래서 다른 과목들은 따로 시간을 내서 공부하는 대신, 수업 시간에 끝장내야겠다는 마음으로 집중해서 수업에 임했고 시험을 치렀죠. 나머지 공부 시간은 전부 영어에만 집중했습니다. 물론 다른 과목들은 공부에 시간을 많이 들이지 못하니 점수를 그렇게 잘 받진 못했지만, 저에게 중요한 건 영어였기 때문에 다른 과목 점수에는 크게 연연하지 않았습니다. 어떻게 보면 아주 무모했죠. 그렇게 2008년 한 해는 토익 시험 준비로 금방 흘러갔습니다. 그리고 그다음 해, 2학년 생활이 마무리될 때쯤 여느 때와 같이 토익 시험에 응시했습니다. 모든 문제를 다 풀긴 했지만 딱히 개운하진 않은 시험이었죠. 그렇게 찝찝한 마음으로 몇 주를 보낸 후, 그때 응시했던 토익 시험의 결과를 확인했습니다. 제 예상과는 완전히 다른 결과가 나왔죠. 바로 980점을 받았습니다. 토익 시험을 시작한 지 약 9개월쯤 된 시점이었습니다. 당시에는 토익 시험 만점자가 언론에 보도될 정도로 토익 고득점자가 그렇게 많지 않았던 시기였기에, 비록 만점은 아니지만 980점으로도 충분히 만족스러웠습니다. 그리고 제가 목표로 하는 대학교의 지원 자격이 토익 점수 900점 이상이었기 때문에 승산이 있다고 생각했죠.

토익 점수를 확보한 후, 3학년에 올라가며 저는 두 번째 작전을 시작했습니다. 바로 영어 면접을 준비하는 것이었죠. 오직 영어 점수와 영어 면접만으로 합격자를 뽑는

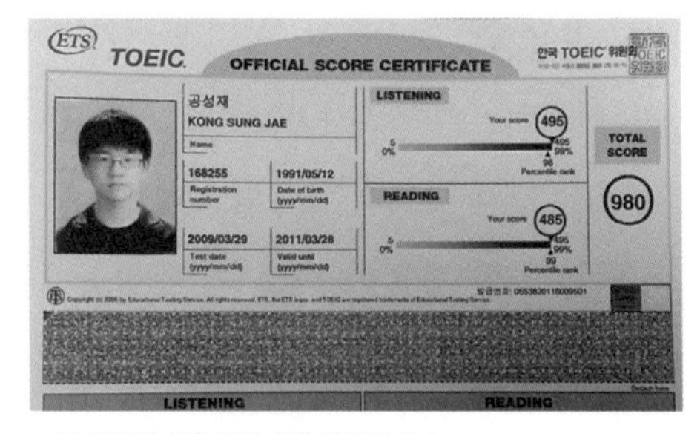
ETS
TOEIC
OFFICIAL SCORE CERTIFICATE
한국 TOEIC 위원회
공성재
KONG SUNG JAE
Name
168255
Registration number
1991/05/12
Date of birth (yyyy/mm/dd)
2009/03/29
Test date (yyyy/mm/dd)
2011/03/28
Valid until (yyyy/mm/dd)
LISTENING
Your score 495
READING
Your score 485
TOTAL SCORE
980
LISTENING
READING

▲ 2008년 한 해를 바쳐 얻게 된 토익 점수

전형이라, 이제 이 전형을 통과하기 위해서는 영어 면접만 준비하면 됐었죠. 하지만 저는 대학교 영어 면접에 대한 정보가 전혀 없었기 때문에 무작정 영어 면접에 대해 알아보기 시작했습니다. 학교마다 면접 방식이 다를 수 있기 때문에 면접에 대해 정확히 감을 잡기가 힘들었지만 한 가지 확실한 것은 영어 말하기 실력을 쌓아야 한다는 사실이었습니다. 저는 부모님께 영어 말하기 연습을 할 수 있는 학원에 다니게 해달라고 부탁했습니다. 부모님께서는 제가 사는 동네에 있는 여러 곳의 영어 학원을 알아봐 주셨지만, 영어 특기자 입시 전형을 준비하는 수업을 진행하는 학원은 없었죠. 그 당시에는 영어 특기자 입시 전형이 흔치 않았기 때문입니다. 부모님께서 여러 학원에 문의한 끝에, 한 학원에서 제가 영어 면접을 준비할 수 있게 원어민 회화 수업을 새로 개설해 주겠다고 제안했습니다. 저는 드디어 저에게 필요한 공부를 할 수 있는 학원을 찾았고, 학교가 끝나면 곧장 학원으로 달려가 원어민 선생님과 말하기 연습을 했습니다. 일주일에 3번, 1시간씩 학원에서 수업을 들었고, 수업이 없는 날에는 혼자서 말하기 연습을 해나갔습니다. 매 수업마다 선생님과 한 가지 주제를 정하여 그 주제에 대해 자유롭게 토론하면서 말하기 실력을 쌓았고, 수업이 끝날 때에는 에세이 주제를 한 가지 정해서 다음 수업 시간까지 에세이를 써 갔습니다. 선생님께서는 제가 쓴 에세이를 꼼꼼하게 읽고 다듬어 주었죠. 고등학교 생활을 하면서 영어로 말을 할 기회가 거의 없었기 때문에 처음에 원어민 선생님과 영어로 대화를 나눌 때에는 많이 버벅거리기도 했습니다. 하지만 어릴 때 영국 영화와 드라마, 음악을 통해 갈고 닦았던 실력이 남아있었는지 금세 입이 트여 원어민 선생님과 즐겁게 이야기를 나눌 수 있었죠.

또한 영어 면접 준비를 영자 신문을 구독하여 매일 읽기도 했습니다. 면접에서 시사 관련 질문을 받을 수도 있기 때문에, 영자 신문을 읽으면서 다양한 시사 문제에 대해 나만의 시각으로 내 생각을 정리해 보는 시간을 가졌죠. 매일 아침 등교할 때마다 현관문 앞에 배달된 영자 신문을 책가방에 넣어 등교했습니다. 그렇게 챙긴 영자 신문을 자습 시간마다 읽으며 시사 관련 지식도 쌓고, 모르는 영어 단어를 배우며 영어 실력을 쌓아 나갔습니다.

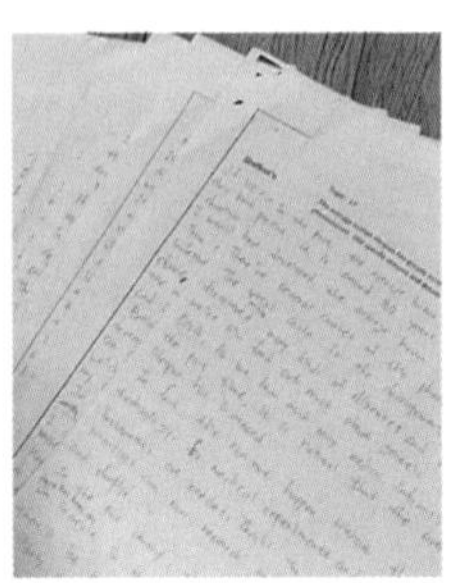

▲ 그 당시 면접을 준비하기 위해 다양한 주제로 적었던 에세이들

반년간 영어 면접을 바쁘게 준비하고 나니, 어느덧 수시 전형을 신청할 때가 다가왔습니다. 떨리는 마음으로 여러 대학에 지원을 했고 그해 9월, 영어 특기자 전형 1차 합격자 발표가 나왔습니다. 다행히도 제가 가고 싶은 몇몇 대학교로부터 1차 합격 통지를 받았습니다. 그리고 바로 다음 달. 드디어 결전의 날이 다가왔죠. 저는 새벽부터 영어 면접을 위해 저의 고향인 부산에서 서울로 올라갔습니다. 꿈에 그리던 대학교 캠퍼스에 도착하여 면접 대기실에 가니 각 지역에서 온 영어 좀 한다는 친구들이 모여 있었습니다. 떨릴 법도 했지만 그동안 열심히 영어 면접을 준비해서인지 오히려 자신감을 가득 안고 면접에 임할 수 있었습니다. 면접은 한 명씩 들어가서 진행되었는데, 노크를 하고 면접장에 들어가니 총 세 분의 교수님께서 앉아 계셨습니다. 자기 소개와 이 학교에 오고 싶은 이유에 대해 대답한 뒤, 본격적으로 면접이 시작됐습니다.

면접 질문은 다양했습니다. 가장 기억에 남는 면접으로는 경희대학교 국제학과의 입시 면접이었습니다. 학부의 특성에 맞게 "다문화 사회에 우리가 가져야 할 자세는 무엇인가?"라는 질문을 받았죠. 이 질문은 한국어로 대답할 수 있었습니다. "학문적인 에세이를 쓸 때 가장 고려해야 할 3가지는 무엇인가?"라는 질문이 이어졌는데 이 질문에는 영어로 답변해야 했습니다. 그 외에도 다양한 질문을 받았는데, 저는 이미 면접을 준비하는 동안 에세이도 써보고 영자 신문을 보며 다양한 주제에 대해 제 생각을 정리하는 연습을 해왔기 때문에 당황하지 않고 분명하게 대답할 수 있었습니다.

그렇게 매일 빠짐없이 5~6시간씩 영어 공부를 하고, 면접을 위해 부산에서 서울까지 혼자서 2번이나 왕복하며 준비했던, 이 전쟁 같던 입시 과정이 모두 끝났습니다. 홀가분한 마음과 불안한 마음으로 몇 주를 보내다 보니, 마침내 제가 가장 가고 싶어하는 대학교의 최종 합격자 발표일이 다가왔습니다. 저는 집에 있는 컴퓨터로 학교 홈페이지에 접속해 떨리는 마음으로 한 자, 한 자 저의 수험번호를 입력했죠. 너무 떨려서 차마 확인 버튼을 누르지 못한 채로 몇 분을 보낸 뒤, 드디어 확인 버튼을 누르고 입시 결과를 확인했습니다.

"축하합니다. 경희대학교 국제화 전형에 최종 합격하셨습니다."

합격이라는 두 글자에 너무 놀란 나머지 저는 소리를 질렀고 놀라서 달려온 누나 역시 제가 손가락으로 가리키는 컴퓨터 화면을 보고 함께 소리를 질렀습니다. 그날 부모님께서도 집에 돌아오시자 마자 함께 합격의 기쁨을 나누었습니다. 저의 무모했던 입시 작전이 성공했던 것입니다.

내가 못하는 분야에 집중하여 모든 분야에 그럭저럭인 실력을 갖출 바에, 내가 잘하는 분야에 집중하여 남들보다 뛰어난 실력을 갖추는 게 더 낫겠다는 저의 무모한 생각이 통한 거였죠. 그렇다고 해서 이 글을 읽고 있는 모든 분들께서 지금 하고 있는 공부를 당장 그만두고 영어 공부만 해서 대학교에 진학해야 한다는 게 아닙니다. 때론 내 적성에 맞는 분야와 나 자신의 가능성을 믿고, 그 분야의 실력을 열심히 갈고 닦으면 그것이 나에게 큰 선물을 안겨 주기도 한다는 것입니다. 저의 경우에는, 제 가능성을 스스로 믿고 영어 실력을 갈고 닦은 덕분에 목표하던 대학교의 합격 통지서라는 큰 선물을 받을 수 있었습니다.

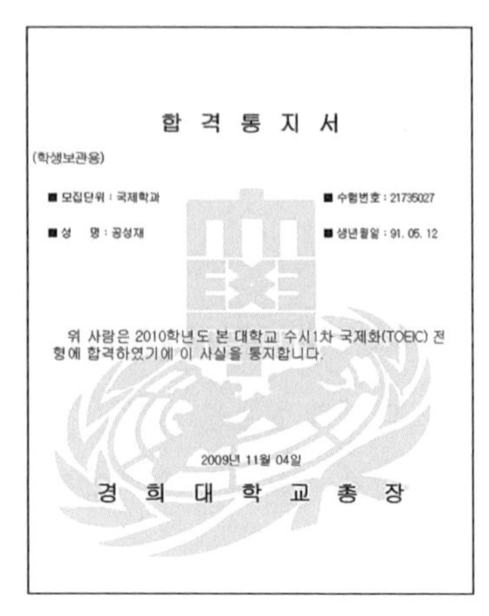

합 격 통 지 서

(학생보관용)

■ 모집단위 : 국제학과 ■ 수험번호 : 21735027

■ 성 명 : 공성재 ■ 생년월일 : 91. 05. 12

위 사람은 2010학년도 본 대학교 수시1차 국제화(TOEIC) 전형에 합격하였기에 이 사실을 통지합니다.

2009년 11월 04일

경 희 대 학 교 총 장

▲ 치열한 입시 전쟁 끝에 얻은 값진 합격통지서

Talk with Korean Billy

POINT

여러분 스스로 영어를 잘하기 위해 시도해 본 것들은 무엇이 있나요? 생활 방식이나 공부 방법 등 다양하게 시도한 것들은 무엇이었나요?

#4 내 인생의 터닝포인트, 영국 교환학생

저의 영국영어 사랑은 대학교에 진학한 뒤로도 계속되었습니다. 그래서 대학생이 된 이후로 자연스레 영국영어 공부도 더욱더 열정적으로 하게 되었습니다. 제 전공은 국제학이라서 모든 수업이 영어로 진행되었고, 발표를 할 때에도 모두 영어로 해야 했습니다. 그때 당시에는 제가 영국영어를 공부하기 시작한 지 약 3~4년밖에 되지 않았던 시기라 영국영어를 완벽하게 구사하는 정도는 아니었지만 그래도 제법 영국영어의 느낌을 살리며 말할 수 있는 정도였습니다.

당시 영국영어를 구사하는 사람은 흔하지 않았기에 수업 시간에 제가 발표를 하거나 질문을 하면 친구들이 제 영어를 듣고 신기하다고 생각하곤 했죠. 웬 부산에서 온 친구가 영국영어 느낌이 나는 영어를 사용하니까 특이하다고 생각한 거죠. 그래서 학과 내에서 사람들이 저에 대해 이야기할 때 '영국영어 쓰는 걔'라고 말하기도 했습니다. 하지만 당시에 저는 영국영어를 완벽하게 구사하는 게 아니라 애매하게 구사했기 때문에 주변에서는 굳이 왜 영국영어에 집착하냐며 핀잔을 주기도 했죠. 하지만 저는 영국영어를 배워서 영국에 가겠다는 생각 하나만으로 주변의 핀잔을 무시하고 실력을 계속 갈고 닦았습니다.

그렇게 영국에 갈 수 있는 기회를 호시탐탐 노리던 저에게 어느 날 드디어 기회가 찾아왔습니다. 바로 대학교 3학년 2학기에 교환학생 모집 공고가 학교 홈페이지 공지사항에 올라온 것입니다! 교환학생으로 갈 수 있는 대학교 목록을 살펴보니 영국 북부 지역에 위치한 프레스턴Preston이라는 도시에 있는 대학교가 눈에 들어왔습니다.

영국영어 만렙의 한국인의 영국 시골 유학 도전기

▼ 동영상 바로 가기

설레는 마음으로 그 학교를 1지망으로 하여 교환학생에 지원했죠. 교환학생으로 선발되기 위해서는 어학 성적을 제출해야 했고, 그 후엔 영어 면접을 통과해야 했습니다. 저는 모집 공고가 올라오기 전부터 이미 교환학생 선발에 대비해 왔기 때문에 영국 교환학생에 무사히 선발될 수 있었습니다. 교환학생에 선발된 후에는 영국에 갈 생각에 설레며 매일을 보냈습니다.

그렇게 한 학기를 보내고 그다음 해 1월, 드디어 교환학생 생활을 시작하기 위해서 떠나는 날이 찾아왔습니다. 저는 부산에서 부모님의 배웅을 받으며 인천국제공항으로 향했습니다. 영국 교환학생으로는 저를 포함하여 총 3명이 프레스턴 지역에 있는 센트럴 랭커셔 대학University of Central Lancashire이라는 곳에 가게 되었는데요. 한 친구는 영국에서 만나기로 했고, 다른 친구는 저와 일정을 맞춰 인천국제공항에서 만나 함께 영국으로 떠나는 비행기에 탑승했습니다. 첫 장거리 비행일 뿐만 아니라 영어권 국가로는 처음 떠나는 거라 저는 설레는 마음을 감출 수 없었습니다. 저는 12시간가량의 긴 비행을 마치고 드디어 영국 땅을 밟게 되었습니다.

교환학생으로 가게 된 대학교는 캠퍼스가 런던London에서 꽤 떨어진 곳에 위치해 있었기 때문에 친구와 저는 런던 여행을 먼저 한 후에 프레스턴으로 이동하기로 했습니다. 교환학생 생활 동안에는 기숙사에서 지내야 했기에 이때가 런던을 여행하기에 가장 좋은 기회였죠. 런던 히드로공항에서 열차를 타고 런던 시내에 도착하니 드디어 제 눈앞에 런던의 풍경이 펼쳐졌습니다. 빨간색 2층 버스와 멋진 영국 건축물, 그리고 그 사이로 분주히 걷고 있는 영국 사람들.

"아, 내가 드디어 여기 영국에 왔구나."

내가 런던의 풍경 속으로 들어와 그 일부분이 되었다는 생각을 하니 비로소 영국에 도착한 게 실감이 났습니다. 사진으로만 보던 빅벤Big Ben과 템스강River Thames, 런던아이London Eye를 보니 가슴이 벅차올랐죠.

▲ 당시 빅벤 근처 템스강에서 찍은 사진

하지만 그것보다도 제가 잊지 못할 순간은 바로 처음으로 영국에서 영어로 주문을 할 때였습니다. 친구와 함께 숙소에 도착하여 짐을 정리하고 나니 긴장이 풀리면서 배가 꼬르륵거리기 시작해서 저는 햄버거를 먹기 위해 근처에 있는 맥도날드 매장에 갔습니다. 매장에서 줄을 서서 기다리다 드디어 제가 주문할 차례가 왔습니다. 오랫동안 공부해 온 영어를 실제로 외국에서 써먹을 수 있는 기회가 다가온 것이죠. 물론 한국에서도 원어민과 영어로 대화를 많이 나눠보긴 했지만, 실제로 외국에서 영어를 쓰려니까 괜히 긴장되었습니다. 저는 영어로 할 말을 마음속으로 정리한 후 햄버거 세트를 주문했습니다. "음.. 캔 아이 해브.. 음.. 치킨 레전드(그 당시에 판매하던 치킨버거의 이름)?" 한국에서 영어 공부를 할 때에는 수도 없이 해봤던 주문인데, 실전에선 괜히 입이 잘 떨어지지 않았죠. 조금 긴장하긴 했지만 다행히 큰 실수 없이 주문을 끝냈고, 저는 제가 원하는 햄버거를 무사히 받을 수 있었습니다. 주문한 햄버거를 먹으며 '그래도 이때까지 내가 배웠던 영어가 헛된 게 아니었구나.'라고 안심할 수 있었죠. 무슨 대단한 연설을 끝마친 것처럼 저에게는 아주 뜻깊은 경험이었습니다. 그동안 한국에서 공부한 영어가 영국에서 실제로 통한다는 사실에 기분이 짜릿했죠.

짧은 런던 여행을 마친 후 저는 기차를 타고 교환학생 생활을 하게 될 프레스턴으로 향했습니다. 처음으로 타 보는 영국 기차도 그저 신기하고 설레기만 했습니다. 프레스턴에 도착한 뒤 학교 생활을 시작하기 위해 가장 먼저 한 일은 바로 학교 기숙사에 들어가서 짐 정리를 하는 것이었습니다. 기숙사 방을 배정받고 들어가니 이미 기숙사 생활을 하고 있는 룸메이트들이 저를 반겨주었습니다. 기숙사 공간은 저를 포함하여 총 5명이 함께 쓰는 곳이었는데, 각자의 방이 있고 주방과 화장실을 함께 쓰는 구조였습니다.

▲ 대학교 캠퍼스가 있는 프레스턴의 길거리와 학교 기숙사의 모습

영국인 룸메이트들과 서로 반갑게 인사를 한 뒤, 모든 교환학생들이 학교에서 진행하는 오리엔테이션에 참가했습니다. 오리엔테이션에서는 학교에 대한 전반적인 정보와 주의 사항을 학생들에게 알려주고 그 학교에 재학중인 학생들 중에 교환학생을 도와주는 영국인 도우미들이 있다는 사실도 알려주었습니다. 오리엔테이션 시간에 여러 도우미 친구들과 인사를 나누었는데, 마침 도우미 중에 에이단Aidan이라고 하는 한국어학을 공부하는 도우미가 있었습니다. 제가 교환학생을 간 대학교는 특이하게도 한국어학 전공 과정이 있는 학교라 한국어학을 공부하는 학생도 있었던 거죠. 서로 반갑게 인사하며 저는 에이단과 금세 친해졌는데, 그는 제가 처음으로 사귄 영국인 대학 친구였습니다.

오리엔테이션을 마치고 주말을 보내니 금방 학기가 시작됐습니다. 영국의 학사 일정은 우리나라와 조금 다르게 영국은 1학기를 9월에 시작하여 12월에 마치고, 2학기는 1월에 시작하여 4월이나 5월에 마무리되는데요. 저는 1월에 교환학생으로 오게 되어 영국 학기 기준으로 2학기에 교환학생 학기를 시작하게 된 겁니다.

그렇게 약 5개월간의 교환학생 생활이 드디어 시작되었습니다. 이 대학교의 교환학생 프로그램은 수강 과목에 크게 제한이 없고, 본인이 원하는 수업을 자유롭게 신청하여 들을 수 있었습니다. 저의 전공은 국제학이었지만 평소 신문방송학에도 관심이 많았기에 영국 대학교에서는 방송 저널리즘 강의를 두 개 신청했습니다. 또 다른 강의로는 제 전공과 관련된 국제 비즈니스 강의를 신청했습니다. 그렇게 학기가 시작되고 첫 강의 시간에 저는 떨리는 마음으로 방송 저널리즘 강의가 진행되는 강의실에 들어갔습니다. 강의실에 들어가 자리를 찾아 앉은 후에 주변을 둘러보니 학생들이 모두 영국인이고 동양인은 저 혼자뿐이더군요. 덕분에 첫 강의 시간에 저는 다른 학생들의 주목을 한 몸에 받았습니다. 더구나 이 강의는 2학년을 위한 강의라 강의에 참여하는 학생들은 저를 빼고 모두 서로 1학년 때부터 아는 사이였던 거죠. 새로운 학기에 갑자기 모르는 한국인이 강의를 들으러 오니, 친구들은 저를 신기하다고 생각했을 겁니다. 첫 강의 때에는 한 명씩 자신의 이름을 말하고 인사를 하는 시간이 있었습니다. 다른 친구들이 말하는 걸 열심히 듣고 나니 어느새 제 차례가 되었습니다. 왜 그랬는지 모르겠지만 괜히 기죽지 말자는 생각에 최대한 태연하게 말을 하려고 했죠.

"Hello! I'm from South Korea, and you can call me Billy!"(안녕! 난 한국에서 왔어. 날 빌리라고 부르면 돼!)

영국 대학에서 이름 때문에 놀림 받은 이야기

▼ 동영상 바로 가기

이 말을 하는 순간 강의실에 있는 모든 친구들이 빵 터졌습니다. 저는 친구들이 왜 웃는지 전혀 알 수가 없었죠. 그렇게 어안이 벙벙한 채로 있으니 교수님께서 제 진짜 한국 이름이 뭔지 물으시더군요. 그제서야 진짜 한국 이름이 있는데 굳이 별명으로 본인을 소개하니 그게 신기해 보였다는 걸 알아차렸습니다. 저는 영어를 쓰는 환경에서는 당연히 제 영어 이름을 사용해야 한다고 생각했는데, 그게 아니었던 거죠. 외국에서 온 학생들도 그 나라 언어에 맞는 본명을 자연스럽게 사용했던 것입니다. 이렇게 첫 수업부터 저는 의도치 않게 모든 학생들에게 아주 인상적인 학생이 되었습니다. 강의를 같이 듣는 친구들 중에서는 한국인 학생을 처음 본 친구들도 많아서 다들 저를 신기해했습니다. 그리고 제 이름을 '공성재'로 소개하니 처음으로 한국 이름을 들어본 영국 친구들은 제 이름을 발음하는 것을 무척 어려워했죠. 그래서 한동안은 '씨옹재', '송재', '쌍자이' 같은 이름으로 불려야 했습니다. 다른 문화권에서 온 저도 적응을 해야 했지만 영국인 친구들도 한국이라는 나라에서 온 저에 대해 알아가는 데 시간이 필요했죠. 하지만 제 친구들은 이러한 걸 불편하다고 여기지 않고, 새롭고 재밌다고 생각하며 언제나 저에 대해 알아갈 준비를 하고 있었습니다. 몇몇 친구들은 저에게 한국에 대해 묻기도 했습니다. “한국에서는 정말 모든 남자들이 전쟁용 총을 쏘는 법을 배워?”라고 질문한 친구에게 그렇다고 답한 후, 저도 군대에서 총 쏘는 훈련을 받았다고 하니까 그 친구가 저를 보는 눈빛이 달라지기도 했습니다. 같이 수업을 듣는 친구들과 자연스럽게 대화를 나누면서 영국에는 워낙 여러 문화가 섞여 있다 보니 영국인들은 자연스레 새로운 문화에 관심을 갖고 그걸 배워서 받아들이려고 하는 태도를 갖고 있다는 걸 느낄 수 있었습니다. 한참 후에 제 이름 ‘성재’를 정확하게 발음할 수 있다며 신나게 웃는 영국인 친구를 보며 이러한 점을 더 실감할 수 있었죠.

영국 대학교에서 듣는 강의는 전공마다 강의 진행 방식이 다르긴 하겠지만, 제가 듣는 강의는 실습 위주의 수업이라 무척 좋았습니다. 방송 저널리즘 강의 같은 경우, 직업 훈련을 받듯이 실습 위주로 강의가 진행됐습니다. 매 강의마다 방송 장비를 직접 사용할 수 있었는데, 어떤 강의에서는 길거리 인터뷰 방법과 장비 사용 방법을 간단하게 배운 뒤, 바로 길거리로 나가서 인터뷰를 촬영하여 돌아와 다 같이 서로의 인터뷰 과제를 보며 이야기를 나누는 경우도 있었습니다. 또 대학교 내에 TV 뉴스 진행을 위한 스튜디오가 만들어져 있어서 생방송 뉴스 프로그램을 진행하는 연습을 해보는 경우도 있었습니다. 한 가지 특이한 점은 이 곳 학생들은 우리와 다르게 기말고사 때 시험 문제를 푸는 것이 아니라, 3분 정도 분량의 TV 뉴스 보도 영상을 CD에 담아 제출해야 했습니다. 즉, 기말고사 기간 동안 도서관에서 이론을 복습하는 게 아니라, 현장을 뛰어다녀야 했던 것이죠. 저에게는 처음 겪어보는, 정말 흥미로운 기말고사였습니다. 이렇게 수많은 과제와 기말고사를 끝내고 학기가 끝날 즈음에는 당장 방송국 현장에 바로 투입이 되어도 문제가 없을 정도였죠. 수업 과제를 위해 직접 친구들과 나가서 촬영을 할 일이 많았었는데, 친구의 차를 타고 옆 도시인 리버풀Liverpool에 가서 영국 정치인을 인터뷰하기도 하고, 다른 대학교의 교수님을 만나 인터뷰하기도 했습니다. 과제를 할 때 서로 역할을 번갈아 가면서 했기 때문에 제가 카메라로 촬영을 할 때도 있었고, 영어로 인터뷰를 할 때도 있었습니다. 친구들과 함께 돌아다니며 과제를 한 후에는 함께 식사를 하기도 했었는데, 이렇게 긴 시간을 함께 보내니 서로 친해지지 않을 수가 없었죠. 이때 친해진 친구들은 지금까지도 연락을 하고 지내고 있습니다. 정말 재밌게도, 방송 저널리즘 수업을 함께 듣던 친구가 지금은 기자가 되어 후에 저를 인터뷰하게 되는 인연으로까지 이어지기도 했죠.

또 실습 활동 중에서 동영상을 편집해야 할 때가 있었습니다. 저는 이 강의를 듣기 전부터 이미 간단한 동영상 편집을 할 수 있었습니다. 한국에서 대학교를 다닐 때 교내 방송국의 국원으로 활동했었기 때문이죠. 어렸을 때부터 영어뿐만 아니라 방송 일에도 관심이 많았던 저는 대학교에 입학하자마자 대학교 방송국에 지원하여 방송국원으로 활동했습니다. 처음엔 교내 아나운서로 활동을 시작했는데, 1년간 활동한 뒤에는 방송국 국장으로 임명되어 방송국을 관리하기도 했죠. 총 2년 반 정도 대학교 방송국 활동을 하며 자연스럽게 방송 진행뿐만 아니라 동영상 촬영과 편집에 대해 배울 수 있었습니다.

대학교 방송국 경험 덕분에 영국에서 동영상 편집 실습에 참여하는 건 제겐 너무나 쉬운 일이었습니다. 같은 팀 친구들은 동영상 편집이 처음이라 편집하는 걸 무척 어려워했는데, 제가 친구들을 위해 편집을 척척 하니

“You’re a genius, Seong-Jae!”(성재 너 천재야!), “You’re a lifesaver!”(넌 우리의 구세주야!)라며 저에게 장난을 치기도 했죠. 그렇게 도움을 주고 받으며 강의를 듣는 다른 친구들과도 친해지면서 그 친구들은 저에게 한국에 대해 물어보기도 하고, 저도 평소에 영국에 대해 궁금했던 점들을 친구들에게 물어볼 수 있었습니다. 이때 제가 소극적으로 행동했다면 지금까지 인연을 이어갈 친구들을 만나지 못했을 겁니다. 제가 영상 편집을 잘한다는 장점을 어필하고 먼저 제 이야기를 하면서 조금 더 적극적으로 열린 마음을 가지고 다가간 것이 좋은 친구들을 사귈 수 있는 계기가 되어준 것입니다.

▲ 방송 저널리즘 실습 활동 중

방송 저널리즘 수업 말고도 제가 들었던 국제 비즈니스 강의 역시 아주 흥미로웠습니다. 강의 이름이 국제 비즈니스인 만큼 다문화와 관련된 주제를 많이 다루었는데, 강의를 수강하는 학생들은 프랑스, 스페인, 독일, 폴란드, 일본, 나이로비 등 정말 다양한 나라에서 모인 유학생들이었습니다. 그래서 이 강의에서 토론을 할 때에는 여러 문화권에서 온 학생들의 다양한 의견을 들어볼 수 있어서 더욱 흥미로웠습니다. 특히, 저는 이 강의를 진행하는 교수님께서 한 말씀이 굉장히 인상 깊었습니다.

"저는 수직적 관계인 '학생'과 '교수' 중에서 '교수'의 역할을 하는 사람이 아니에요. 저는 여기 앉아 있는 여러분들의 머릿속에 단순히 지식을 넣어 주는 사람이 아니고, 여러분들께서 여러 주제에 대해 스스로 깨우치고 배울 수 있도록 도모해주는 '조력자'의 역할을 하는 사람인 거죠. 그러니 여러분도 저를 지시자나 교수로서 대하지 말고, 배움에 도움을 주는 '조력자'로서 대해 주세요."

한국 대학에서 3년 동안 강의를 들으면서 교수와 학생을 다소 수직적 관계로 여겨왔던 저의 생각이 바뀌는 순간이었습니다. '외국 대학에서는 이런 식으로 완전히 다른 사고방식을 가지기도 하는구나.'라고 속으로 생각하며 신기해했습니다. 이 순간 외에도 교환학생 생활을 하는 동안 여러 가지 신선한 충격을 받기도 하고 깨달음도 얻었습니다. 반년 남짓 되는 시간 동안 새로운 공부를 해 볼 수 있었을 뿐만 아니라, 유럽의 여러 나라로 여행을 떠나거나 영국 내에서도 다양한 지역으로 여행을 떠나볼 수 있었죠. 그러면서 한국에서 지내던 것과는 완전히 다른 환경에서, 저와 완전히 다른 사고방식을 가진 다양한 사람들을 만나며 시야를 넓힐 수 있었습니다.

▲ 당시 영국 교환학생 시절 모습

특히, 제 평생을 살아온 한국을 벗어나서 완전 다른 문화 속에서 생활해 보니 저의 지난날들을 좀 객관적으로 돌아볼 수 있었습니다. 어떤 것을 객관적으로 보려면 그것의 일부분이 아닌 전체를 볼 수 있어야 하는데, 한국 내에 있었을 때에는 제대로 볼 수 없었던 전체적인 제 자신을 한국 밖으로 나와서 다른 시선으로 바라보니 다르게 보이기 시작했습니다. 자연스레 '한국에서 내가 걱정했던 것들, 내가 중요하다고 생각했던 것들이 사실 별 거 아니었구나. 그리고 그동안 한국에서 지내면서 내가 전부라고 생각했던 것들이 사실은 세상의 작은 한 부분이었을 뿐이구나.'라는 생각이 들었습니다. 사실 영국에 오기 전까지만 해도 저는 제 인생의 선택지를 한국 내에서만 찾으려고 했었습니다. 그런데 영국에서 생활하며 제 인생의 선택지 즉, 제 직업 또는 진로가 한국에만 국한된 게 아니라 훨씬 다양할 수 있다는 걸 깨달은 것이죠. 영국에서 교환학생 생활을 하며 저는 세상을 바라보고 자신의 인생에 대해 생각하는 시각이 전과는 비교도 할 수 없을 만큼 넓어졌습니다. 마치 우물 안 개구리가 우물 밖의 세상이 존재한다는 것을 깨닫고 우물 밖으로 뛰쳐나올 수 있었던 것처럼요. 시야가 넓어지니 제 진로에 대해서도 다시 한번 생각해 보게 됐죠. 그러니 영국에서 보낸 교환학생 시절은 제 인생의 터닝포인트라고 해도 과언이 아닙니다.

흔히 한 나라에 대해 너무나 큰 기대나 환상을 가진 사람이 막상 그 나라에 가면 원래의 환상이 깨지기도 한다지만 저는 달랐습니다. 영국에서 교환학생 생활을 하며 영국에 대해 알면 알수록 영국이 더욱더 좋아졌죠. 특히 저는 영국영어에 관심이 많았기 때문에 현지에서 쓰는 영국영어를 마음껏 접할 수 있었는데요. 이때 바로 저의 인생을 바꿔 놓은 '영국영어 사투리'를 만나게 되었습니다.

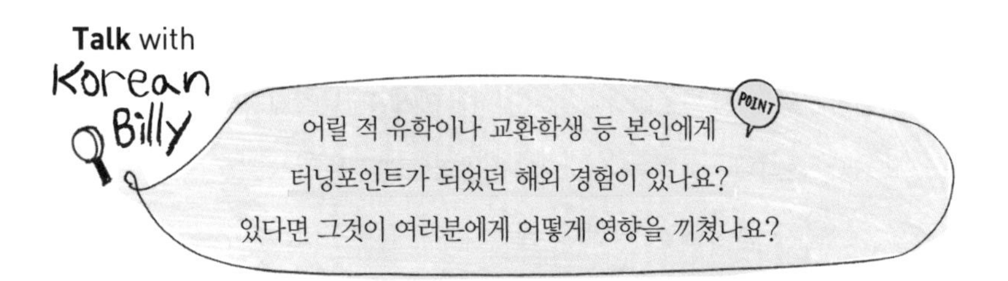

영국 사투리에 매료되다

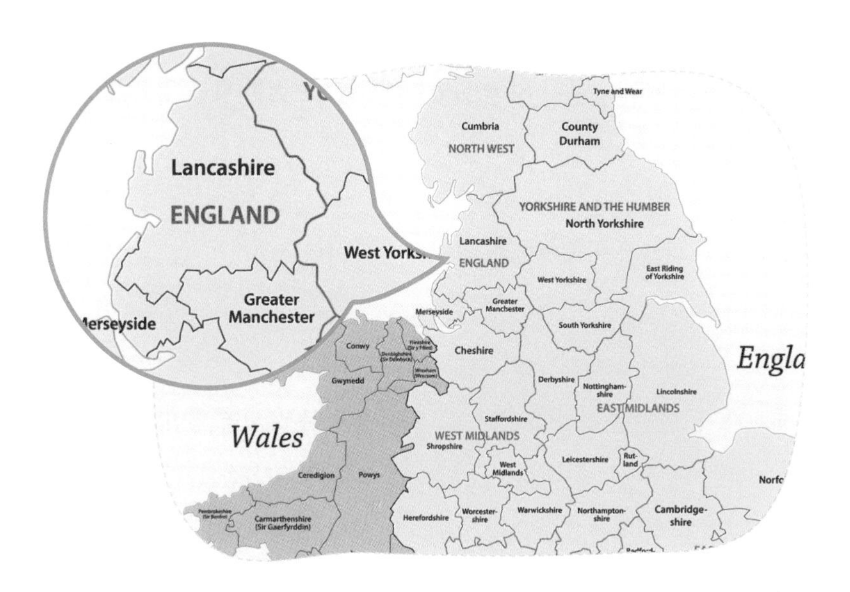

영국 교환학생 생활을 제 인생의 터닝포인트라고 말할 수 있는 또 다른 이유는, 이 기간 동안 제가 관심을 가지고 배웠던 것들이 지금의 〈코리안빌리KoreanBilly〉라는 유튜브 채널을 만들었기 때문입니다. 제가 교환학생으로 지낸 프레스턴은 영국 북서쪽의 랭커셔주 안에 있는 작은 도시입니다. 런던에서 기차로 약 3시간 거리에 있는 곳이죠. 영국에는 우리나라와 마찬가지로 지역별로 굉장히 다양한 사투리와 악센트가 존재합니다.

영국은 땅이 넓어서 영국 내에서만 해도 약 40여 가지에 달하는 사투리가 있다고 알려져 있습니다. 쉽게 말하면, 한 도시에서 기차를 타고 45분 정도만 이동하여 다른 도시로 가면, 기차를 타고 출발했던 도시 사람들과는 또 다른 말을 사용하는 사람들을 만나볼 수 있다는 것입니다. 제가 머물던 프레스턴은 랭커셔주 안에 있는 도시라서 이곳 사람들은 랭커셔 사투리를 사용하죠. 교환학생으로 프레스턴에 처음 도착한 날, 그곳 사람들이 하는 영어를 듣고 충격에 빠졌던 게 기억납니다. 난생처음 들어보는 프레스턴 지역 사투리 악센트가 그때까지 제가 알고 있던 영어와는 완전히 다른 언어였기 때문이죠.

"아, 내가 이때까지 배웠던 영어가 전부가 아니구나."

나름 영국영어에 대해 많이 배웠다고 생각했지만 제가 모르는 영국영어의 세계가 또 있었던 겁니다. 그렇게 저는 영국 북부 지역 영어와 첫 만남을 가졌습니다. 처음에는 프레스턴 사람들이 쓰는 영어가 잘 들리지 않았는데, 사람들의 말을 귀 기울여 들으며 생활하다 보니 점차 이 지역 영어에 익숙해질 수 있었습니다. 하지만 대학교에서 강의를 들으면서 저는 또 한 번 충격에 빠졌습니다. 같이 수업을 듣는 영국인 친구들이 프레스턴 지역 사투리와는 또 다른 특이한 영어를 사용했기 때문입니다. 강의가 몇 주간 진행된 후, 같이 수업을 듣는 친구들과 제가 제법 많이 친해졌을 때쯤 저는 낯선 영어를 사용하는 친구에게 지금 사용하는 언어가 대체 무슨 영어인지 물어보았죠. 그것의 정체는 바로 리버풀 지역 사람들이 사용하는 사투리 영어였습니다. 같이 강의를 듣는 친구들 중에서 리버풀 지역에서 온 친구들이 많아서, 그 친구들이 쓰는 리버풀 악센트를 종종 들을 수 있었던 거죠.

리버풀 악센트는 리버풀 지역의 사람들이 사용하는 특유의 영어 발음인데, 영국 사람들 사이에서도 영국에서 가장 독특하다고 여겨지는 악센트 중 하나입니다. 마치 우리나라에서 수도권 지역과 멀리 떨어져 있는 지방일수록 더 강하고 뚜렷한 특징을 지닌 사투리를 가지고 있듯이, 리버풀은 수도권인 런던에서 자동차로 4시간 정도 걸리는 제법 먼 거리에 위치하고 있어서 표준 영어와 꽤 차이가 나는 영어 사투리가 사용되는 거죠. 아래 영상에서 리버풀 사투리가 표준 영어와 얼마나 다른지 그리고 여러분은 얼마나 이해할 수 있는지 한번 확인해 보세요.

리버풀 사투리 단어 알아보기!

▼ 동영상 바로 가기

저는 이렇게 리버풀 사투리, 그리고 리버풀 사람들만의 영어 발음이 있다는 것을 알고 충격에 빠졌습니다. 영국 내에는 지역별로, 더 세세하게는 도시별로 다양한 사투리가 있다는 걸 알게 된 거죠. 사투리를 발견한 직후에는 제가 이때까지 알고 있던 영국영어와 너무 큰 차이가 있다는 것에 혼란스러웠습니다. 하지만 저는 부산에서 태어나서 자랐기 때문에 이미 부산 사투리뿐만 아니라 우리나라 다른 지역의 사투리에도 관심을 갖고 있었습니다.

그래서인지 모르겠지만 다행히 저에겐 영국에도 다양한 사투리가 존재한다는 사실이 굉장히 흥미롭게 다가왔습니다. 영국영어에 관련된 것이라면 뭐든 즐겁게 배우고 파고들며, 늘 새로운 영국영어에 대한 배움에 목말라 있던 저에게 영국의 다양한 사투리는 큰 자극이 되었습니다. 그래서 교환학생 생활 동안 영국인 친구들이 쓰는 다양한 사투리를 유심히 들어 보기도 하고, 다른 도시를 여행할 때는 그 지역 사람들의 사투리에 귀 기울이며 영국 사투리에 대한 관심을 키워 나갔습니다. 그 당시 저는 이미 영국영어에 대해 6년 정도 공부를 했었기 때문에 표준 영국영어에 대해 어느 정도 지식을 갖고 있었던 상태였습니다. 그래서 표준 영국영어와 다른 영국 사투리를 들으면 서로 어떻게 차이가 나는지 비교할 수 있었죠. 이러한 비교를 통해 여러 지역의 사투리가 가지는 특징을 몇 가지 정도는 발견할 수 있었고, 이렇게 사투리를 알아가는 게 저에겐 매우 재미있는 일이었습니다. 어떻게 보면 영국 런던이 아닌 북부 지역에서 교환학생 생활을 한 게 제 인생을 바꿔 놓았다고 할 수 있습니다. 만약 런던에서 교환학생 생활을 했더라면 제가 이렇게까지 영국 사투리에 관심이 생기진 않았을 테니까요.

약 6개월간의 영국 교환학생 생활은 정말 눈 깜빡할 사이에 흘러갔습니다. 이 교환학생 기간은 저를 영국에 더욱더 푹 빠지게 만들었죠. 교환학생을 마치고 한국으로 돌아온 저는 마지막 학기를 무사히 끝내고 대학교를 졸업했습니다. 그리고 졸업 후 저는 〈코리안빌리〉라는 이름으로 유튜브 영상을 만들었죠. 왜 영상을 만들기 시작했는지는 뒷부분에 풀어나가도록 하겠습니다. 저는 유튜브 영상을 만들기로 결심한 뒤 처음엔 시사 정보를 영어로 전달하는 영상을 만들어 올렸습니다. 교환학생 시절 방송저널리즘 강의를 수강하며 배웠던 내용을 바로 응용하는 거였죠.

그렇게 영상을 몇 개 만든 후 다음 영상 주제에 대해 고민하기 시작했는데 그러던 중 문득 영국 교환학생 생활을 하며 관심을 가졌던 영국 사투리가 떠올랐습니다.

"영국 사투리 되게 신기하고 재미있는데… 내가 재미있다고 느끼는 거니까 이걸 흥미롭게 잘 설명하면 다른 사람들도 재미있다고 생각하지 않을까?"

그렇게 영국 사투리에 대한 영상을 만들기 시작했습니다. 먼저 제가 가장 흥미를 가졌던 리버풀 악센트에 대한 영상을 만들기로 결심했죠. 제가 처음 유튜브 영상을 만들 때에는 한국 사람들이 제 영상을 시청할 거라고 생각해서, 한국 사람의 시각으로 영상을 만들었습니다. 처음에 리버풀 악센트에 대한 영상을 만들 때 이 주제가 한국 사람에게 너무 생소할 수도 있으니 먼저 런던 지역 특유의 악센트에 대해서 알려 주고 싶었죠. 아무래도 한국 사람에게는 런던 이야기가 좀 더 익숙할 테니까요. 그렇게 재미 반 진지함 반으로 '런던 지역과 리버풀 지역 악센트'를 주제로 영상을 만들기 시작했습니다. 영상을 만들 때, 영국에서 함께 수업을 들었던 리버풀 출신 친구가 사용했던 영어의 특징을 떠올리기도 하고, 인터넷에서 런던 지역 사람들과 리버풀 지역 사람들이 영어를 사용하는 장면이 나오는 동영상을 최대한 많이 찾아봤습니다. 그 동영상들을 무한 반복으로 재생하며 최대한 해당 지역 사람들의 영어에 익숙해지려고 했습니다.

또, 영상을 제작하다가 궁금한 점이 생기면 영국인 친구들에게 영국 사투리에 대해 직접 물어보기도 했죠. 그렇게 사투리의 모든 정보에 대해 세세하게 다 알아본 뒤에 저는 런던 지역의 악센트와 리버풀 지역의 악센트를 흉내 내며 표준 영어 악센트와 런던 악센트, 리버풀 악센트의 차이에 대해 설명하는 내용을 촬영했습니다. 그리고 며칠 동안의 편집 끝에 드디어 이 영상이 유튜브에 공개됐습니다.

이 영상을 올릴 당시에는 제 유튜브 채널의 구독자 수가 1,000명도 채 되지 않았기 때문에 제 영상을 시청한 사람은 많지 않았습니다. 첫 사투리 영상이 세상에 공개되고, 처음 며칠 동안의 시청자는 주변 친구들이 대부분이었죠. 리버풀 악센트가 생소한 제 친구들은 제 영상을 시청한 후 단순히 신기하다는 반응을 보였고 그렇게 저는 이 영상이 별 반응 없이 지나가는 줄 알았습니다.

런던 근방 사투리와 리버풀 지방 사투리 알아보기!

▼ 동영상 바로 가기

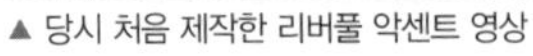
▲ 당시 처음 제작한 리버풀 악센트 영상

촌스러워서 유명해진 코리안빌리

며칠 뒤, 갑자기 제 휴대전화에 알림이 계속 울려대기 시작했습니다. 제 사투리 영상의 조회수가 갑자기 급등하고 영상에 댓글도 수십 개씩 달리기 시작한 거죠. 대체 이게 무슨 일인가 싶어 제가 올린 영상의 댓글을 자세히 살펴보다가, 한 영국인이 영국의 온라인 기사에서 보고 제 영상을 찾아왔다고 말하는 댓글을 발견했습니다. 무슨 기사인가 구글에서 검색해 보니 온라인 뉴스 사이트인 〈매셔블Mashable〉에서 제 사투리 영상을 소개하는 기사를 찾을 수 있었죠. 그러니까 제 영상을 우연히 본 영국인이 제 영상을 공유하기 시작하면서 영국에 쫙 퍼지기 시작했는데, 그렇게 영상이 퍼져 나가다 영국 〈매셔블〉 기자의 눈에까지 들어간 거죠. "This Korean man's instruction video on British accents is glorious."(이 한국 남성이 영국 악센트를 가르치는 영상은 훌륭하다.)가 기사의 제목이었습니다.

수많은 영국인들이 제 영상에 댓글을 남기며 뜨거운 반응을 보였는데, "한국인이 영어로 영국 사투리에 대해 알려주다니 너무 당황스러운데, 이게 참 신기하고 재미있다!"라는 반응이 많았습니다.

〈매셔블〉에서 제 영상을 소개하는 기사가 공개된 후에 제 유튜브 메시지함에 메시지가 하나 도착했습니다. 영국의 또 다른 뉴스 매체인 〈메트로Metro〉에서 일하는 기자가 제가 만든 런던 지역 및 리버풀 지역 악센트에 관한 영상을 뉴스 기사로 소개하고 싶은데 기사에 제 영상을 사용해도 괜찮냐고 묻는 내용이었습니다. 저는 긍정적인 답변을 보냈죠. 이렇게 한 뉴스 매체에 제 영상이 소개되고 나니 다른 뉴스 매체에서도 제 영상을 빠르게 소개하기 시작했습니다. 영국 〈텔레그래프The Telegraph〉와 〈미러Mirror〉, 〈버즈피드BuzzFeed〉, 〈래드바이블LADBible〉, 〈리버풀 에코Liverpool ECHO〉 등 영국의 수많은 주요 온라인 뉴스에 제 영상이 소개되었죠.

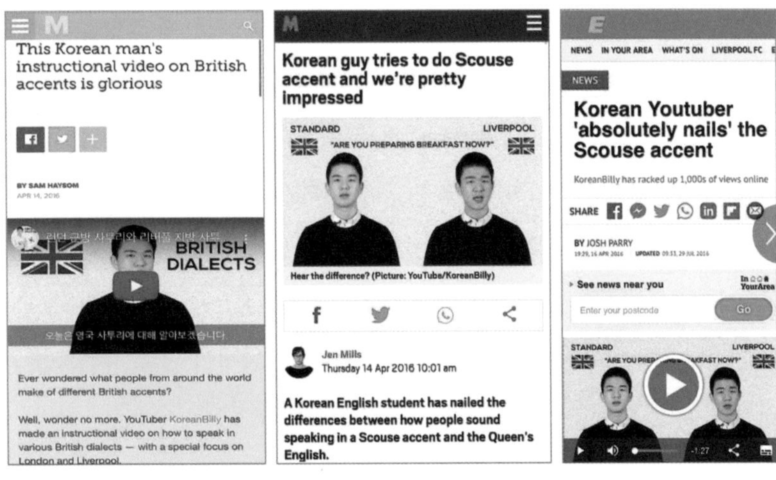

▲ 그 당시 쏟아져 나왔던 기사들

뉴스 매체의 파급력은 대단했습니다. 보통 온라인 뉴스 기사는 해당 뉴스사의 웹사이트에 게시될 뿐만 아니라 뉴스사의 페이스북 페이지와 트위터에도 게시되는데요.

온라인 뉴스사의 페이스북 페이지의 경우 적게는 수십만, 많게는 100만 명이 넘는 팔로워를 보유하고 있기 때문에, 제 영상이 이 페이지에 소개되자마자 영국 내에서 급속도로 퍼지며 수많은 영국인이 제 영상을 시청하기 시작했습니다. 뿐만 아니라 영국 BBC 1채널의 한 TV 프로그램인 〈Have I Got More News For You〉에서는 온라인에서 화제가 된 영상이라며 저의 리버풀 악센트 영상을 소개하게 되죠. 제 친구들만 보던 코리안빌리 유튜브 영상이 갑자기 영국 BBC 방송에까지 나오게 된 것입니다. 이 BBC TV 프로그램에서는 저를 이렇게 소개했습니다.

"영국 북부 지역 악센트를 지켜줄 구세주는 누가 될 수 있을까요? 코리안빌리라고 불리는 한 한국인이 영국 리버풀 악센트로 말하는 법을 가르쳐주는 영상을 만들어 올려 인터넷에서 화제가 되었습니다. 영상 보시죠."

빌리가 드디어 영국 BBC 출연!

▼ 동영상 바로 가기

어안이 벙벙했습니다. 처음엔 한국 사람들이 볼 거라고 생각하며 재미로 만든 영상이 영국인에게 발견되어 순식간에 수많은 뉴스 매체에 소개되고, 심지어 BBC에서까지 이 영상이 소개되다니!

인터넷, 그리고 유튜브의 힘을 제대로 실감한 순간이었습니다. 특히, 제가 너무나 좋아하는 영국에서 제 영상이 알려지고, 영국 사람들이 제 영상을 좋아해 준다는 게 저에게는 꿈만 같은 일이었죠. 재미로 올렸던 사투리 영상 하나로 '코리안빌리'라는 이름이 영국인들에게 알려지기 시작했습니다.

처음 유튜브 영상이 주목받기 시작했을 때에는 아무런 준비도 되어있지 않았던 상태였기 때문에 당장 무엇을 해야 할지 몰랐습니다. 저는 평소처럼 제가 만들던 시사 정보를 전달하는 영상을 계속 만들었고, 영국영어 외에 다양한 주제의 영상들을 만들어나갔습니다. 그렇게 몇 개월을 보낸 후 저는 다시 영국 사투리에 대한 영상을 만들기로 결심했습니다. 리버풀 악센트에 대해 알려주었으니 다음 영상으로는 리버풀 사투리 단어를 알려주는 게 좋겠다고 생각했습니다. 하지만 리버풀 사투리 단어에 대한 영상을 만드는 건 쉽지 않았습니다. 우선 시간도 꽤 오래 걸렸죠. 이 영상을 만들기 위해서는 여러 단계의 작업을 거쳐야 했습니다. 일단 어떤 리버풀 사투리 단어를 알려줄지 정해야 했죠. 그리고 제가 알고 있는 단어의 의미가 혹시 진짜 의미와 다를 수도 있으니 꼼꼼한 확인과 조사가 필요했습니다. 리버풀 사투리 조사를 끝낸 다음에는 리버풀 악센트를 연습해야 했죠. 리버풀 사람 특유의 억양과 발음을 똑같이 따라 하기 위해 리버풀 사람이 등장하여 말하는 동영상을 며칠 내내 찾아보며 연습했습니다. 동시에 촬영할 영상의 대본을 작성하고 거듭 수정해 가며, 마지막 작업인 촬영과 편집까지 끝냈습니다.

몇 개월에 걸친 제작 기간 끝에 저는 드디어 리버풀 사투리 단어에 대한 영상을 온라인상에 공개했습니다. 이 영상이 공개되자 영국 사람들은 다시 한번 뜨거운 반응을 보였습니다. 영국인도 아닌 한국인이 리버풀 사투리 표현을 능숙하게 구사하고, 또 순수한 마음으로 이 사투리를 사람들에게 가르쳐 주려는 모습이 영국인들에게 굉장히 신선하게 다가왔던 것입니다. 그렇게 이 리버풀 사투리 단어에 대한 영상 역시 빠르게 영국 전역으로 퍼져 나갔습니다. 이 영상을 제 유튜브 채널과 페이스북 페이지에 게시했는데, 특히 페이스북에서 이 리버풀 사투리 영상이 급속도로 퍼져 나가기 시작했습니다. 영국인들은 자신이 아는 리버풀 사람들을 페이스북 영상에 태그하며 이 영상 속 내용이 사실이냐며 물어보기도 하고, 또 리버풀 사람들은 웬 지구 반대편에 있는 한국인이 우리 지역 사투리를 가르쳐 주는 영상을 만들었으니 이 재미있는 걸 꼭 보라며 자발적으로 제 영상을 공유하기 시작했죠. 마치 우리나라를 좋아하는 서양 사람이 경상도나 전라도 사투리를 구사하는 모습이 우리에게 재미있게 다가오듯이, 영국 사람들도 제가 영국 사투리를 구사하는 걸 아주 재미있게 받아들였습니다. 그리고 제 사투리 영상을 시청한 영국인들은 서로 리버풀 사투리나 본인 지역의 사투리에 대해 이야기를 나누기도 했습니다. 제 영상이 영국인들에게 일종의 이야깃거리를 제공해 준 셈이죠. 이렇게 영국인들의 뜨거운 반응 덕분에 순식간에 페이스북 영상 조회수가 100만을 돌파했습니다. 또 이 영상이 페이스북뿐만 아니라 여러 온라인 웹사이트에 동시에 퍼지니 자연스럽게 제 유튜브 채널에 게시된 리버풀 사투리 영상의 조회수도 함께 올라갔습니다.

인터넷에서 제 영상이 화제가 되니 급기야 저에게 인터뷰 섭외가 들어오기도 했습니다. Capital FM이라고 하는 영국의 유명한 라디오 방송국의 리버풀 지국에서 제 영상을 소개하며 저와 이야기를 나누고 싶다고 연락해 왔습니다.

그때 저는 한국에 있었기 때문에 리버풀에 있는 라디오 방송국으로 직접 방문할 수는 없어서, 국제 전화 연결을 통해 라디오 방송에 출연했습니다. 제 생애 처음으로 영국 라디오 방송에 출연하는 거라 무척 떨렸습니다. 약간은 긴장된 상태로 라디오 진행자에게 인사하니, 라디오 진행자는 저를 반겨주며 제 리버풀 사투리 영상을 재미있게 봤다며 칭찬해 주었죠. 그리고 진행자는 제가 어떻게 처음에 영상을 제작하게 되었는지, 리버풀 사투리에는 어떻게 관심을 가졌는지 물어보며 대화를 이어 나갔습니다. 또, 라디오 진행자는 저에게 리버풀 사투리를 더 가르쳐 주기도 했는데, 리버풀 사투리로 "다시 한번 생각해봐!"라는 뜻의 "Give your head a wobble!"이라는 표현도 처음 배워볼 수 있었습니다. 게다가 리버풀 청취자와 직접 전화로 연결해 저와 이야기를 나누고, 그 청취자들이 저에게 리버풀 사투리 표현을 더 알려주기도 했죠. 첫 생방송 출연이라 제 이야기를 하는 것조차 떨리는 일이었는데, 현지인에게 직접 리버풀 사투리를 배우기까지 하니 머릿속이 하얗게 됐습니다. 무척 긴장되긴 했지만 설레고 신나는 마음으로 방송 출연을 끝냈습니다.

리버풀 청취자에게 직접 리버풀 사투리 배운 빌리!

▼ 동영상 바로 가기

무사히 첫 방송 출연을 끝내고 나니 그다음 주에는 BBC 리버풀 지역 라디오 방송에서 인터뷰 섭외가 들어왔습니다. 저는 이 방송에도 출연하여 제 리버풀 사투리 영상에 대한 이야기를 더 나누고 방송 진행자에게 또 다른 리버풀 사투리 표현을 배울 수 있었습니다. 이때 저는 리버풀 사람들이 본인 지역의 사투리에 큰 자부심을 갖고 있어서, 저에게 그들의 사투리를 열정적으로 가르쳐 준다는 걸 알 수 있었죠.

영국 라디오 방송 출연으로 리버풀에서 제가 더 유명해지자, 수많은 리버풀 시청자들이 저에게 자발적으로 리버풀 사투리를 가르쳐 주며 더 많은 영상을 만들어 달라고 요청했습니다. 저는 기대에 부응하기 위해 리버풀 사투리 단어 파트 2, 파트 3 영상을 제작하기로 했죠. 이제는 다른 지역에 사는 영국 사람들이 본인 지역의 사투리에 대한 영상도 만들어 달라고 요청을 하기 시작했습니다. 예를 들어, 맨체스터Manchester에 사는 사람들이 맨체스터 사투리에 대한 영상을 만들어 달라고 요청하거나, 뉴캐슬Newcastle에 사는 사람들이 저에게 뉴캐슬 사투리를 가르쳐 주며 각자 그들의 지역 사투리 영상을 만들어 달라고 요청한 것이죠. 리버풀 사투리 영상을 만들어 나가며 그 외 영국 사투리에도 관심을 갖게 된 저는 이내 다른 지역의 사투리 영상도 만들어나가기 시작했습니다. 맨체스터 지역을 시작으로 뉴캐슬 지역, 런던 지역의 사투리 영상을 만들며 저의 본격적인 사투리 모험이 시작됐죠.

신기하게도 각 지역의 사투리에 대한 영상을 올릴 때마다 그 지역 사람들이 뜨겁게 반응해 주어, 다른 여러 지역의 BBC 라디오 방송에도 출연할 수 있게 되었습니다. 맨체스터 사투리 영상을 올린 후에는 맨체스터 지역 BBC 라디오 방송에 출연했고, 뉴캐슬 사투리의 영상을 제작한 후에는 뉴캐슬 지역 BBC 라디오 방송에 출연했습니다. 그리고 런던 지역 사투리에 대한 영상을 올린 후에는 런던 지역 BBC 라디오 방송에도 출연했는데, 런던 지역 방송은 본사에서 진행하는 전국 방송이기 때문에 더욱 규모가 큰 방송이었죠.

전국 라디오 방송 출연에 이어서 저는 마침내 영국의 TV 예능 프로그램에도 출연할 수 있게 되었습니다. 영국의 Channel 4에서 방영되는 〈Virtually Famous〉라고 하는 프로그램인데, 인터넷에서 화제가 되는 인물들을 소개하는 내용이었습니다. 저는 화상 통화로 방송국 스튜디오와 연결하여 예능 프로그램 출연자들과 사투리에 대한 이야기를 나누고, 제가 영국 사투리에 대한 퀴즈를 진행하기도 했습니다. 이렇게 영국의 다양한 매체를 통해 제 영상이 알려지면서 코리안빌리가 '영국 사투리를 하는 재미있는 한국 사람'으로 영국에서 알려지게 되었습니다.

영국 예능에 출연해서 게임 진행한 빌리!

▼ 동영상 바로 가기

Talk with Korean Billy

POINT

한국에도 영국 못지않게 다양한 사투리가 존재합니다.
여러분은 한국의 부산 사투리에 대해서는
얼마나 많이 알고 있나요? 부산에서 온 코리안빌리가
내는 부산 사투리 문제를 아래에서 풀어보세요.

1. 다음 대화에서 밑줄의 의미로 맞는 것은?

A: 니 뭐 먹고 싶은 거 있나?
B: 짜달시리

① 짜빠구리 ② 짠 거는 빼고
③ 그닥 없다 ④ 이 시리다

2. 다음 문장의 의미로 알맞은 것은?

가가 가가가?

① 그거 갖고 가면 되나?
② 그 사람이 아까 그 사람이었어?
③ 성이 가씨인 사람은 가라고?
④ 그 사람 성이 가씨야?

케임브리지로 초대받은 성공한 영국 덕후

계속해서 다양한 영국 사투리에 대한 영상을 만들어나가던 중 저에게 이메일 한 통이 도착했습니다. 바로 케임브리지 대학교 출판부Cambridge University Press의 마케팅 부서 직원분께서 보낸 이메일이었습니다. 이메일 내용을 살펴보니, 케임브리지 대학교 출판부에서 발간한 케임브리지 발음 사전의 발간 100주년을 맞아 함께 마케팅 프로젝트를 진행하고 싶다며 저에게 협업을 제안하는 내용이었습니다. 심지어 제가 한국에서 영국까지 비행기로 이동하는 교통비와 영국에서 체류하는 비용까지 전부 출판부 쪽에서 부담하겠다는 조건이었죠. 제가 좋아하는 영국으로 출장을 떠날 수 있는 기회가 생긴 겁니다. 출판부 측과 저는 화상 통화를 통해 회의를 하고 일정을 조율한 끝에 드디어 영국에서 함께 일을 진행하기로 결정했습니다. 첫 영국 출장이라는 생각에 또 한번 가슴이 설레기 시작했습니다.

"순전히 영국이 좋아서 만든 유튜브 영상 덕분에 이렇게 또다시 영국 땅을 밟게 되다니!"

흔히 말하는 '성공한 덕후'가 된 기분이었습니다. 제가 너무나 좋아하는 영국에서, 그것도 영어 교육의 본고장인 케임브리지에서 초대를 받다니! 생각만으로도 마음이 벅차올랐습니다.

1. 드디어 영국 런던 히드로 공항 도착!
2. 런던에서 케임브리지로 이동하여 케임브리지 대학교 출판부 마케팅 팀장인 이안씨와 만남
3. 출장 기간 동안 지낼 케임브리지 숙소 도착
4. 일정 소화 전 주말 동안 케임브리지 구경
5. 세계적인 영어 교재가 탄생하는 케임브리지 대학교 출판부 사무실 방문
6. SKY 방송국에 방문하여 소셜 미디어용 영상 촬영
7. 영국 온라인 신문 Mashable과 유튜브 영상 촬영 & JTBC 〈뉴스룸〉 인터뷰 촬영
8. 영어 교육 기관 Language Gallery와 함께 런던 레스터 스퀘어에서 유튜브 영상 촬영
9. Talk Radio 방송국에 방문하여 라디오 프로그램 〈Late Nights with Iain Lee〉 출연
10. 케임브릿지 대학교 출판부 사무실에서 케임브리지 영어 페이지의 페이스북 라이브 스트리밍 진행 & 출판부 관계자와 함께 유튜브 영상 촬영
11. 유튜브 채널 〈English with Lucy〉의 Lucy와 함께 유튜브 콜라보 영상 촬영
12. BBC Radio 1 라디오 프로그램 〈Scott Mills〉 출연
13. BBC 방송국에서 BBC 방송 기자분과 만남
14. ITV 방송국에 방문하여 ITV 방송 프로그램 홍보 영상 촬영
15. 런던에서 리버풀로 이동하여 BBC 지역 방송국인 BBC Merseyside의 라디오 프로그램 〈Paul Beesley〉 출연
16. 남은 시간 동안 리버풀 구경 & 런던으로 돌아와 남은 일정 동안 런던 구경 및 코리안빌리 영상 촬영
17. 영국 출장 끝, 대한민국으로 귀국! See you again 영국!

영국 Vlog EP01-한국에서 영국까지의 여정

▼ 동영상 바로 가기

영국으로 떠나기 전 출판부 측과 미리 일정을 정리하고 나니 저 혼자서는 이 모든 일정을 소화하기 힘들다고 판단하여, 제가 손이 모자랄 때 가끔 제 영상 촬영을 도와주었던 조력자 친구와 함께 영국으로 떠나게 되었습니다. 비행기를 타고 런던 히드로 공항에 도착한 후, 출판부에서 준비해 준 택시를 타고 바로 케임브리지로 이동했습니다. 케임브리지에 도착하자 저와 연락을 주고받았던 담당자인 이안씨가 저희를 반갑게 맞이해 주었습니다. 저희가 출장 기간 동안 지낼 숙소도 출판부 측에서 마련해 주어서 일단 숙소로 이동을 하였습니다. 케임브리지에 도착한 날은 토요일이라 일단 주말 동안은 별다른 일정 없이 케임브리지를 둘러보고 시차 적응도 하며 충전의 시간을 보냈습니다. 그리고 월요일, 드디어 케임브리지 대학교 출판부 사무실로 초대를 받았습니다.

▲ 케임브리지 대학 출판부에서 기념 사진 촬영

일정을 진행하기 전에 잠깐 출판부 사무실을 둘러볼 수 있었는데, 제가 어릴 때부터 즐겨보았던 영어 교재들이 바로 이곳에서 탄생한다고 생각하니 무척 신기했습니다. 사무실 구경을 끝낸 후에는 마케팅 부서 직원분들과 인사를 나눈 후, 이번 영국 출장의 일정에 대해 함께 이야기를 나눴습니다. 일정은 다소 빽빽한 편이었습니다. 아무래도 〈코리안빌리〉 유튜브 채널의 영국 사투리 영상이 영국에서 화제가 된 이후 처음으로 영국에 방문하는 거라, 여러 방송사와 언론 매체에서 영국에 방문하는 저를 만나고 싶어 했습니다. 제가 영국에 오래 머무는 게 아니다 보니 많은 섭외와 초대에 모두 응하기 위해서는 하루에 여러 곳을 이동하며 무척 빽빽한 일정을 소화해야 했죠. 케임브리지 대학교 출판부 담당자는 제가 영국에 체류하는 기간 동안 저의 매니저 역할을 자청하며 제가 원활하게 일정을 소화할 수 있게끔 많이 도와주었습니다. 저와 함께 방송국이나 인터뷰 장소로 이동하며 제 일정 진행을 도맡아 했고, 그와 동시에 저와 만나는 여러 업체와 방송사, 언론사 관계자들에게 케임브리지 교재에 대해서도 홍보할 수 있었죠.

출장 기간 동안 영국의 여러 방송국에 방문했지만 그중에서도 BBC 방송국에 방문했던 순간이 가장 기억에 남습니다. 런던 BBC 본사에 위치한 BBC Radio 1에서 출연 섭외가 들어와서 BBC 라디오 방송국에 방문했는데, 교환학생 시절부터 즐겨 듣던 BBC 라디오 방송국에 직접 가게 된다니 정말 꿈만 같았습니다. 게다가 저를 섭외한 라디오 프로그램은 스콧 밀즈Scott Mills 라고 하는 라디오 진행자가 진행하는 BBC Radio 1의 오후 라디오 프로그램이었습니다. 사실 이 프로그램에는 제가 서울에 있을 때 국제 전화 연결을 통해 이미 출연한 적이 있었습니다. 목소리로만 방송에 출연하다가 직접 스튜디오에 방문하여 진행자와 만나고 이야기를 나누게 되니 감회가 남달랐죠.

"코리안빌리 씨! BBC Radio 1에 어서 오세요!"

영국 Vlog EP03-BBC에 드디어 방문해서 출연!

▼ 동영상 바로 가기

방송이 시작되자 스콧 밀즈는 저를 반갑게 맞이해 주었습니다. 무척 떨리기도 했지만 신나는 마음으로 그와 이야기를 나누기 시작했습니다. 제가 처음 유튜브를 시작하게 된 계기와 영국의 여러 사투리에 관심을 갖게 된 이유

등에 대해 이야기를 나누며 즐겁게 시간을 보내고 나니 어느덧 방송이 끝났습니다. 이 라디오 프로그램은 영국 전역에 방송되는 것이라서 많은 사람들이 제가 출연한 방송을 들을 수 있었습니다. 심지어 영국 교환학생 시절 만났던 영국인 친구는 갑자기 라디오에서 제 목소리가 들려서 깜짝 놀랐다며 저에게 메시지를 보내기도 했죠. 설레는 라디오 방송국 출연을 끝내고, 라디오 진행자인 스콧 밀즈와 저는 BBC Radio 1 소셜 미디어 페이지에 올릴 동영상을 간단하게 촬영했습니다. 제 사투리 영상 포맷을 살려서 호스트인 스콧 밀즈와 유행어에 대해 알아보는 내용이었죠. 아쉽게도 영상 촬영을 마치자마자 저는 스콧 밀즈와 라디오 직원분들께 작별 인사를 하고 바로 다음 장소로 이동해야 했습니다.

다음 장소는 BBC 본사 건물이었는데, 도착하자 건물 로비에서 한 사람이 저를 반겨 주었습니다. 바로 제가 영국을 방문하기 전 저에게 연락을 준 BBC의 한 기자였죠. 그 기자분은 제게 업무차 서울에 방문할 때 한번 보자고 하셨고 그렇게 서울에 출장을 오신 기자분은 제게 BBC 한국어 서비스 런칭과 관련해서 함께 협업할 수 있는 기회에 대해 말씀하셨습니다. 그리고 친히 제가 다음에 영국을 방문하게 되면 BBC 본사 건물을 구경 시켜 주겠다고 약속했었습니다. 그래서 이번에 영국에 출장차 방문한 제게 그 약속을 지키기 위해 저를 BBC 본사에서 맞이해 준 것이었습니다. 기자분을 따라 저는 꿈에 그리던 BBC 본사 건물로 들어왔습니다. BBC 뉴스룸뿐만 아니라 BBC의 여러 부서, 그리고 영어 교육 콘텐츠를 제작하는 부서도 방문할 수 있었죠. 그는 BBC 직원분들에게 저를 소개시켜 주기도 했는데요. 몇몇 직원들은 저를 알아보고 열렬히 환영해 주었습니다. 영국 덕후인 제가 영국에 와 있는 것도 기쁜데 BBC 본사 건물 안을 걷고 있다니!

뭔가 마음이 벅차오르면서도 믿기지 않아서 눈에 보이는 것을 최대한 다 담아 가려고 열심히 구경했습니다. 그렇게 BBC 방송국을 둘러본 후에는 기자분과 그동안 못다 한 이야기를 나누었고, 저는 또 다음 일정을 위해 이동해야 했습니다.

▲ BBC Radio 1 라디오 쇼 촬영 사진과 BBC 건물 앞 기념 사진

BBC 방송국 외에도 SKY 방송국과 ITV 방송국에도 방문할 수 있었는데요. TV 방송에 직접 출연하진 않았지만 방송국 측에서 저와 함께 소셜 미디어용 영상을 촬영하고 싶다고 제안하여 함께 즐겁게 영상을 촬영하기도 했습니다. 또, 제 첫 사투리 영상을 기사로 적어주었던 〈매셔블〉의 기자분도 저의 영국 방문 소식을 듣고, 또 함께 영상을 찍고 싶다고 하여 런던에서 다시 만났습니다. 어떤 영상을 함께 찍을까 고민을 하다가, 그는 제가 악센트와 관련된 영상을 제작하니, 드라마 〈왕좌의 게임Game of Thrones〉 캐릭터들의 지방 악센트를 소개하는 영상을 촬영하는 건 어떠냐고 제안했습니다. 저는 그 주제가 재미있을 것 같아 바로 촬영을 해보기로 했습니다. 대본이 준비되지 않은 상황에서 즉흥적으로 악센트를 연습하여 영상을 촬영해야 했고, 처음 시도해 보는 주제라 조금 어렵기도 했지만, 이 주제에 대한 영상을 재밌고 편하게 봐주실 시청자분을 생각하며 즐겁게 촬영을 진행했습니다.

KoreanBilly does 'Game of Thrones' accents

▼ 동영상 바로 가기

그 외 영어 교육 유튜브 콘텐츠를 만드는 루시Lucy 라는 유튜버와 함께 영어 학습법과 관련된 영상을 촬영하기도 했고, 런던 레스터 스퀘어에서 영국의 한 어학원과 협업하여 런던 길거리에서 사람들과 코크니 라이밍 슬랭[3]에 관한 퀴즈를 풀며 인터뷰하는 유튜브 영상을 촬영하기도 했죠.

워낙 일정이 많다 보니 어느 날은 아침 10시에 첫 일정이 시작되어 밤 10시가 넘어서 마지막 일정이 끝나는 날도 있었습니다. 빡빡한 일정에 힘들 법도 하지만, 저는 전혀 힘들지 않았습니다. 오히려 제가 너무나 좋아하는 영국에서 보내는 하루하루가 지나가고 있다는 게 너무나 아쉬워 한 순간도 헛되이 쓰지 않으려 노력했습니다.

3) **코크니 라이밍 슬랭**Cockney Rhyming Slang은 영국 런던 동부지방에서 주로 쓰이는 영국 사투리로, 랩하듯이 라임을 맞춰서 쓰며 원래는 시장 상인들이나 행상인들이 사용하던 것에서 유래가 되었다.

케임브리지 대학교 출판부와도 여러 일정을 진행했습니다. 출판부에서 일하는 발음 전문가와 런던 지하철역을 발음하는 법에 대한 영상을 촬영하기도 하고, 출판부 쪽에서 영어 교육 블로그에 올릴 기사를 위해 제 영어 공부 방법에 대해 인터뷰하는 영상을 촬영하기도 했습니다. 또, 케임브리지 대학교 출판부 공식 페이스북 페이지에서 출판부 측 직원과 함께 생방송을 진행하기도 했죠. 영어 전문가인 출판부 직원이 생방송 시청자에게 영어에 대한 다양한 질문을 받아 답변해 주는 방송이었습니다. 모두 처음 해보는 경험이라 떨리긴 했지만 제가 좋아하는 영어에 대해 이야기하는 자리라서 즐거운 마음으로 임할 수 있었습니다.

▲ 영국 어학원 길거리 인터뷰 및 케임브리지 대학교 출판부와 생방송 촬영

영국 일정을 바쁘게 소화하고 있던 차에 제가 영국에 방문한 걸 알게 된 한국의 JTBC 방송사에서도 저에게 인터뷰 요청을 했습니다. JTBC의 런던 특파원과 런던에서 직접 만나 인터뷰 촬영을 진행하게 된 것이죠. 제가 어떻게 영국까지 와서 활동을 하고 있는지를 비롯해 다양한 질문으로 인터뷰를 이어 나갔습니다. 이 인터뷰는 그 주 주말에 JTBC의 메인 뉴스 프로그램인 〈JTBC 뉴스룸〉에 방송되었는데요. 이 TV 뉴스 출연의 파급력은 꽤나 컸습니다. 이로 인해 방송이 나간 후 한국에서도 제 유튜브 채널이 많이 알려지는 계기가 되었습니다.

빌리 JTBC 뉴스에 보도됐어요!

▼ 동영상 바로 가기

영국에서의 주요 일정을 모두 마무리한 뒤 영국 출장을 끝내기 전 마지막 며칠 동안은 런던을 여행하기도 하고, 또 하루는 리버풀에 당일치기로 여행을 다녀오기도 했습니다. 리버풀과 런던 길거리를 걸어다니던 중에 이따금씩 영국 사람들이 코리안빌리가 맞냐며 저에게 인사를 해주기도 했습니다. 제 유튜브 영상이 인터넷에 퍼지면서 이렇게 영국 사람들이 절 알아봐 주고 인사를 해주니 무척 신기했습니다. 제가 한국에서 만든 유튜브 영상을 지구 반대편에 사는 영국 사람들도 봤다는 걸 비로소 실감할 수 있었습니다. 케임브리지와 런던, 그리고 리버풀까지 영국 여기저기를 바쁘게 다니다 보니 열흘이라는 시간이 눈 깜빡할 사이에 흘러갔습니다. 케임브리지 대학교 출판부 직원분들과의 아쉬운 작별 인사를 끝으로 영국 첫 출장 일정을 마무리하게 되었습니다. 열심히 여러 일정을 소화한 덕분에 영국 내에서 코리안빌리를 더 알릴 수 있게 되었고, 또 반대로 영국에서 한국으로도 코리안빌리의 소식을 알릴 수 있게 되었습니다. 한국에 돌아온 후에는 여러 한국 언론사와 인터뷰를 진행했고, TV와 라디오 방송에도 출연할 수 있게 되었습니다.

그중 가장 기억에 남는 건 MBC 라디오 채널과 EBS 라디오에 출연한 경험이었습니다. 우선 MBC에서는 MBC FM4U의 프로그램인 〈배철수의 음악캠프〉에 출연했는데요. 이때 라디오 진행자로 유명하신 배철수 선생님을 직접 뵙고 이야기를 나눌 수 있어서 무척 설레였습니다. 이 방송에서는 제가 영국 사투리에 빠지게 된 이야기도 나누고, 배철수 선생님께 영국 사투리 표현을 직접 알려 드리기도 하고, 영국 음악에 대해서도 이야기를 나누었습니다. 또, 라디오 방송 중간마다 나오는 노래를 제가 직접 선곡할 수도 있었는데요. 평소 즐겨 듣는 영국 음악이나 제 나름의 사연이 있는 곡을 선곡하여 청취자분들께 소개해 드릴 수 있어서 감회가 남달랐습니다.

EBS 교육 방송의 라디오 프로그램에 출연했을 때는 뭔가 묘한 기분이 들었습니다. 학창시절 영어 공부를 위해 늘 즐겨 들었던 EBS 라디오 프로그램에 직접 게스트로 출연한다는 게 잘 실감이 나지 않았습니다. 이렇게 방송 출연으로 한국에서도 유명해지자 주한영국대사관에서 진행하는 행사에 초대받아 영국대사관에도 방문할 수 있었고, 영국문화원과 함께 광고를 찍는 기회도 얻게 됐습니다. 영국을 좋아하는 저에게는 더할 나위 없이 즐거운 일정들이었죠.

EBS 라디오 〈모닝스페셜〉 출연 영상

▼ 동영상 바로 가기

제 유튜브 채널에 한국인 시청자들이 점점 늘어나자 저에게 영국 사투리 말고 전반적인 영국영어에 대해 가르쳐 달라고 요청하는 분들이 많아졌습니다. 그렇게 제 두 번째 유튜브 채널인 〈KoreanBilly's English〉가 탄생했고 한국인 시청자를 위한 영국영어 교육 콘텐츠를 본격적으로 만들기 시작했습니다. 덕분에 온라인으로 영국인 시청자뿐 아니라 한국인 시청자까지 모두와 함께 교류할 수 있게 되었죠. 케임브리지 대학교 출판사의 초대로 떠나게 된 첫 영국 출장이 저에게는 수많은 기회를 연달아 안겨준 뜻깊은 경험이 된 것입니다. 영국을 좋아하는 마음 하나로 영국과 영국영어에 대해 파고들어 영상을 만들어나가다 보니, 마침내 영국으로부터 응답을 받게 된 것이죠. 영국에서 먼저 저를 찾아 주었고 영국인들의 관심을 받게 되었습니다. 아까도 말했듯이 소위 '성공한 덕후'가 된다는 게 이런 게 아닐까 싶었죠. 내가 정말 좋아하는 것을 끊임없이 알아가려 노력하고 아껴 주니, 그것이 나에게 큰 선물을 안겨준 느낌이었습니다.

영국인에게 영국 사투리 알려 주는 한국인 유튜버 탄생

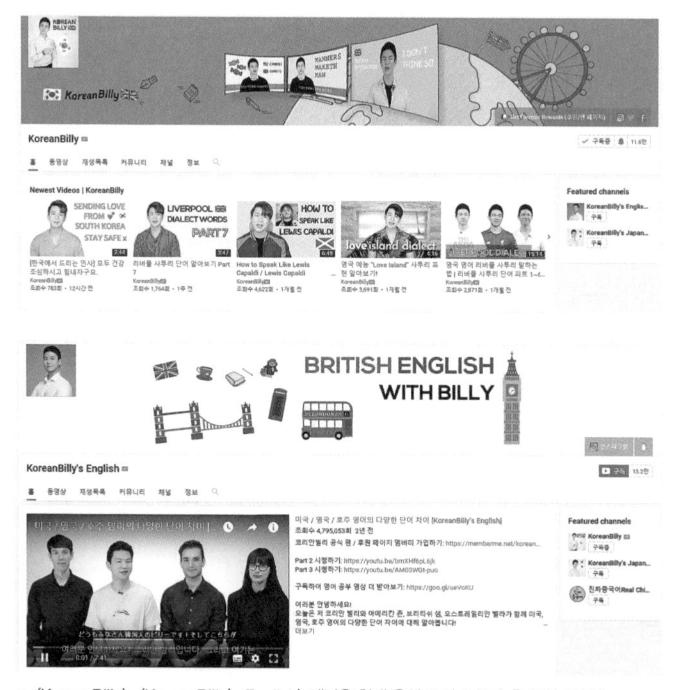

▲ 〈KoreanBilly〉, 〈KoreanBilly's English〉 채널을 현재 운영 중인 구독자 총 27만 유튜버

자! 이제 제가 어떻게 '코리안빌리'가 되었는지 이야기해 볼까 합니다. 요즘 누군가 제 직업이 무엇이냐고 물어보면 저는 간단하게 '전업 유튜버'라고 이야기합니다. 하지만 제가 처음 유튜브 동영상을 만들기 시작했을 때에는 이것을 본업으로 삼을 생각은 아니었습니다. 영어 유튜버가 되기 전까지만 해도 저는 그저 평범한 취업 준비생이었죠. 영국 교환학생 생활을 끝내고 한국에 돌아오니 어느덧 저는 대학교 마지막 학기만을 남겨 두고 있었습니다. 저도 다른 대학생들과 다를 것 없이 소위 막학기를 보내며 취업에 대해 진지하게 고민하기 시작했죠. 주변 친구들이 바쁘게 취업을 준비하기 시작하니 저도 뭔가에 쫓기듯 취업 스펙을 마련하기 시작했습니다. 일단 주변에서 흔히 취업을 위해 토익 점수와 오픽 점수를 취득해야 한다고 해서, 저도 토익 시험을 다시 치르고 오픽 점수를 취득했습니다. 일단 점수를 확보한 후 제가 좋아하면서 앞으로 할 수 있는 일이 무엇인지에 대해 찾아보기 시작했죠.

저는 사실 어릴 때부터 방송국에 취직하여 방송 관련 일을 하겠다는 꿈을 갖고 있었습니다. 그래서 대학교에 입학하자마자 바로 대학교 방송국에 지원하여 교내 아나운서로 활동했고, 이듬해에는 교내 방송국 국장으로 임명되어 방송국의 학생 대표로 일하기도 했습니다. 처음에 대학교 방송국에서 활동할 때는 아나운서의 꿈을 키우기도 했었는데요. 대학교 4학년 때 영국에서 교환학생으로 공부하면서는 방송 기자의 매력에 푹 빠지게 되었습니다. 제가 사람들에게 들려주고 싶은 이야기를 찾고, 그것을 들려주는 콘텐츠를 직접 만들 수 있다는 점이 저의 관심을 사로잡았죠. 영국에서 교환학생 수업을 들으며 방송 기자 실습을 했을 때도 실습 과정에서 현장을 직접 방문하고 사람들을 직접 인터뷰하며 방송 기자라는 직업에 더욱더 매료되었습니다. 이후 영국 최고의 방송사인 BBC에서 방송 기자로 일하고 싶다는 꿈을 품기도 했었죠. 하지만 별 경험이 없는 저 같은 평범한 대학생에게는 그저 까마득한 목표일 뿐이었습니다.

현실은 암울했습니다. 제 주변에서 하나둘 취업에 성공하는 친구들의 모습을 볼 때마다 저도 일단 어디든 빨리 취직을 해야겠다는 생각이 들었죠. 일단 최대한 저의 특기인 영어를 살릴 수 있고, 저의 관심사인 방송, 언론과 관련된 일을 찾아보았습니다. 한국에 있는 영어 신문사에 인턴으로 지원해 보기도 하고, 방송국 보도국의 국제부에서 일하는 계약직 자리에 지원해 보기도 했습니다. 총 10곳 넘게 지원하면서 최종 면접 단계까지 올라가는 경우도 많이 있었지만 항상 마지막에는 쓴 고배를 마셔야 했습니다. 취업의 문턱을 넘는 게 생각보다 쉽지가 않았습니다. 자신만만하게 시작한 저의 첫 취업 준비의 결과는 처참한 실패였죠. 그 이후에도 연이은 실패와 좌절의 순간이 저를 찾아왔습니다. 무언가에 쫓기며 바쁘게 달려가고 있지만 혼자만 제자리 걸음을 하거나 남들에 비해 뒤처진다는 불안함이 제 머릿속을 가득 채웠습니다. 그리고 밑 빠진 독에 물을 붓듯이 언제 취업이 될지도 모르는데 매일 결과 없이 노력하는 제 자신과, 고군분투하는 제 모습을 옆에서 안쓰럽게 지켜보시는 부모님께도 왠지 모르게 죄책감이 느껴졌습니다. 그렇게 힘들게 매일 취업 준비를 이어가다 보니 어느새 대학교 마지막 학기도 끝나게 됐고, 저는 취업을 못한 채 대학교를 졸업하게 되었습니다. 그러나 대학교를 졸업하고 나니 이전과 다르게 알 수 없는 홀가분한 기분이 들었습니다. 어느 곳에도 묶여 있지 않은 완전한 자유의 몸이 된 기분! 이런 기분이 드니 문득 길이 없으면 스스로 만들어 보자는 생각이 들었습니다. 저는 다른 생각은 하지 않고 현재에서 찾을 수 있는 최선책이 무언인가 고민해 보기 시작했습니다.

"나의 꿈을 이루기 위해서 지금 내가 있는 이곳에서 내가 당장 할 수 있는 게 뭘까?"

비록 일자리를 구하지는 못했지만 방송 기자가 되고 싶다는 꿈을 실현하기 위해 일단 내가 있는 곳에서 방송 기자 일을 연습해 나가자는 생각을 하게 된 것이죠. 그러던 중 저는 BBC의 한 유튜브 영상을 보게 되었습니다. BBC 라디오 프로그램에서 젊은 연령층을 대상으로 운영하는 〈BBC Newsbeat〉 유튜브 채널에 올라온 영상이었습니다. 한 영국인 진행자가 등장하여 영상 특수효과를 사용할 수 있게 해주는 그린 스크린을 사용해 영상의 배경을 바꾸기도 하고, 화면에 글자를 띄워가며 한 주제에 대해 설명해주는 내용이었죠.

"이 정도 영상이면 나도 만들 수 있겠는데?"

저는 이미 대학교 방송국 활동을 하던 시절에 친구들과 수많은 방송을 제작하며 영상 만드는 법을 자연스레 익혀서 카메라 앞에 서서 말하는 것은 물론 혼자서 간단한 촬영을 하거나 영상에 간단한 특수 효과를 넣는 정도는 손쉽게 할 수 있었습니다. 게다가 영국에서 교환학생 생활을 하며 혼자서 방송을 제작하는 실습도 했기 때문에 혼자서 동영상 하나를 제작하는 정도는 가능하겠다는 생각이 들었죠.

BBC 영상에 영감을 받은 저는 방송 기자 일을 연습도 할 겸 무작정 영상을 찍기 시작했습니다. 근처 문구점에서 큰 녹색 전지를 사서 제 방의 한쪽 벽에 붙이고, 책상에 있는 스탠드 조명으로 제 얼굴을 환하게 비추었죠.

그리고 영국 교환학생 시절에 사용하던 카메라를 꺼내서 무작정 촬영하기 시작했습니다. 처음으로 찍은 영상의 주제는 '한국에 있는 아시아 1호점 매장들'이었습니다. 길을 걷다가 서울에 있는 크리스피 크림과 코스트코 매장이 아시아 1호점이라는 사실을 알게 된 뒤 한국 내 다른 아시아 1호점에 대한 흥미가 생겨 만들게 된 영상이었죠. 영상을 완성하기 위해 서울 곳곳을 돌아다니기도 하고 판교까지 직접 찾아가 촬영을 진행하기도 했습니다. 카메라 앞에서 이야기할 때는 물론 영어로 이야기했죠. 영국에서 일하는 게 저의 최종 목표였기 때문에 모든 영상은 영어로 제작했습니다. 혼자서 기획부터 촬영, 진행, 편집까지 맡아 온라인 동영상 콘텐츠를 제작하는 것이다 보니 제작 속도가 빠르진 않았습니다. 그래도 예전에 실습했던 경험을 떠올려, 저 나름대로 촬영 계획을 세우고 동영상 대본을 쓰며, 편집도 꼼꼼하게 했습니다. 그렇게 저의 첫 실습 영상이 완성되었죠. 이 영상을 만들 때까지만 해도 유튜브 채널을 운영할 생각은 없었기 때문에 '코리안빌리'라는 이름을 사용하지도 않았고 그냥 제 본명을 사용했습니다. 완성한 영상은 저의 개인 유튜브 채널에 올렸죠. 당연히 유튜브에서 이 영상을 보는 사람은 아무도 없었습니다.

▲ 그 당시 편집할 때의 모습

한국에 있는 아시아 첫 매장들

▼ 동영상 바로 가기

그렇게 첫 영상을 완성한 후, 또 다른 좋은 기회가 저에게 찾아왔습니다. 다음 영상에 대한 고민을 하던 중, 제 학교 후배가 제가 만든 영상을 보고 저에게 흥미로운 제안을 했습니다. 후배가 일하는 회사에서 소위 MCN[4] 이라는 유튜브 콘텐츠 사업을 시작하는데, 저에게 회사 소속 유튜버로 유튜브 콘텐츠를 만들 생각이 없냐고 제안했죠. 그 회사에서 제가 유튜브 콘텐츠를 본격적으로 만들 수 있도록 스튜디오나 영상 촬영 등 필요한 것들을 지원해 준다고 해서 솔깃해졌습니다. 마침 영상을 제대로 찍어보고 싶던 차에, 좋은 제안이라 생각한 저는 고민 끝에 드디어 후배의 회사와 함께 유튜브 영상을 만들기로 결심했습니다.

---

4) **MCN** Multi Channel Network은 다중 채널 네트워크, 인터넷방송 플랫폼에서 활동하는 1인 창작자들을 지원, 관리하며 수익을 공유하는 사업을 가리킨다.

유튜브 채널을 본격적으로 운영하기 위해 저는 〈코리안빌리〉라는 이름의 유튜브 채널을 만들게 됩니다. 코리안빌리의 '빌리'는 제가 초등학생일 때 영어 학원에서 사용했던 이름으로, 어릴 적부터 줄곧 사용해왔죠. 그러나 유튜브 채널 이름으로 '빌리'라고만 사용하기엔 너무 평범한 것 같아서, 제가 한국인이라는 걸 함께 알릴 수 있는 '코리안'을 더해 〈코리안빌리〉라는 이름을 만들게 되었죠. 채널을 만든 이후에는 본격적으로 매주 하나씩 영상을 만들기 시작했습니다. 처음엔 방송 기자의 꿈을 계속 이어 나가기 위해 영어로 시사 관련 영상을 만들어 올렸습니다. 영상 속에서 저는 영어를 사용했지만 한국분들도 보실 수 있게끔 한국어 자막을 넣었습니다. 유튜브에 영상을 올리고 나니 좀 더 많은 사람들이 내 영상을 봐주면 좋겠다는 욕심이 생기기 시작했죠. 그래서 사람들이 좀 더 관심을 가질 만한 주제가 뭐가 있을까 생각하다가, 제가 본래 관심을 가지고 있던 영국영어와 관련된 주제로 영상을 만들 결심을 하게 된 것입니다. 구체적인 주제를 고민한 끝에 "미국영어와 영국영어의 발음 차이"에 대한 주제로 영상을 만들었습니다. 영상은 제가 미국식 영어 발음과 영국식 영어 발음을 동시에 하며 두 영어의 차이점을 설명해 주는 방식으로 진행되었습니다.

미국영어와 영국영어를 비교하는 영상이 사람들에게 흥미로운 영상이었는지, 사람들이 제 영상에 찾아와 댓글을 달기 시작했습니다. 저는 영어와 관련된 주제가 사람들의 흥미를 끌 수 있다는 사실을 알게 됐고 이 주제로 영상을 만들어 나가기 시작했습니다. 이후 몇 달간 다양한 영상을 만들고 새로운 영상 주제를 떠올리다가 이전에 말씀드린 바로 영국 사투리까지 떠올리게 된 것입니다. 이렇게 제작하게 된 영국 사투리 영상들이 지금의 〈코리안빌리KoreanBilly〉를 만들고, 저를 본격적인 유튜버로 만들어 주었습니다.

BBC 방송 기자의 꿈으로 시작하게 된 유튜브 영상 제작이 어느 순간 제 인생의 큰 일부가 되더니, 이제는 저의 직업이 되었죠. 주변의 시선을 의식하지 않고 묵묵히 제가 좋아하는 것을 추구하던 덕후에서 자연스럽게 전업 유튜버라는 직업을 갖게 된 것입니다. 모두 유튜브와 영어, 다시 말하면 영국영어 덕분이었죠. 만약 제가 영어를 잘 몰랐다면, 그리고 영어로 영상을 제작하지 않았다면 지금 이렇게 여러분들을 만날 수 있었을까요? 저는 영어 덕분에 제 삶의 무한한 가능성이 열렸다고 생각합니다.

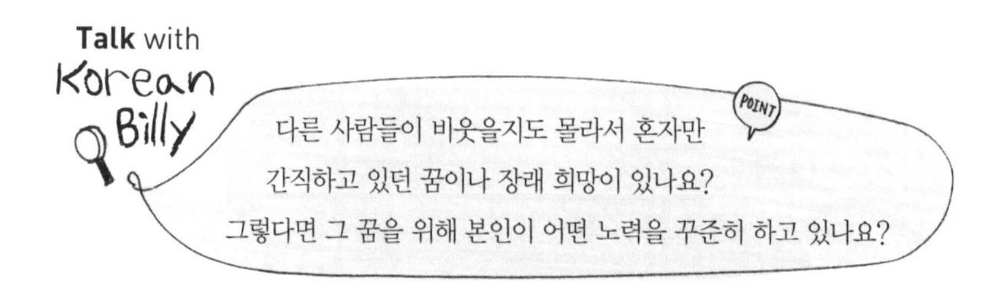

영어 공부는 언제나 현재진행형

"빌리님은 영어를 잘하시니까 이제 영어 공부 안 하시겠네요?"

"토익 만점 가까이 되면 외국 드라마나 영화도 자막 없이 그냥 보셔도 되겠네요?"

주변에서 제게 자주 묻는 질문들입니다. 제가 영어 공부를 많이 했기 때문에 이제는 영어 공부를 할 필요가 없다고 생각하는 거죠. 하지만 그렇지 않습니다. 저는 여전히 열심히 영어 공부를 계속해 나가고 있습니다. 어렸을 때부터 지금까지 오랜 시간 동안 영어 공부를 해 왔지만, 영어는 저에게 모국어가 아닌 외국어이기 때문에 원어민들을 따라가려면 여전히 배울 것들이 너무나 많습니다. 더구나 제가 외국에서 살았던 경험이라곤 교환학생으로서 고작 6개월 영국에 머물렀던 경험뿐입니다. 영어가 모국어인 원어민에 비하면 저의 영어 학습량은 턱없이 부족하기만 하죠. 물론 한국에서 영어를 오랜 기간 접하고 공부했기 때문에 보통 한국 사람들보다는 영어에 대해 더 많이 알고 있긴 하겠지만, 100% 원어민처럼 영어를 사용하려면 끊임없는 노력이 필요합니다. 공부는 정말 끝이 없는 것 같습니다. 고등학생일 때처럼 미친 듯이 영어에 매진하는 정도는 아니지만 지금도 항상 영어에 대해 더 알아가려 하고 있습니다. 특히 대학 입시를 끝낸 이후에는 입시를 위한 영어 공부가 아닌, 나 자신을 위한 영어 공부를 해 나갈 수 있었는데요. 높은 점수를 받기 위한 공부가 아니라, 제 생각을 표현하고 상대방과 의사소통을 하기 위해 영어 공부를 하는 것이었죠. 고등학생 시절 문법 공부를 정말 열심히 했기 때문에, 대학생 때부터는 문법보다는 회화 공부, 그리고 영어 발음 위주로 공부를 했습니다. 그리고 문제를 푸는 요령에 집중하는 게 아니라 실제로 원어민이 사용하는 표현과 발음에 집중했죠. 거기에 영국영어 공부까지 보태서 함께 했습니다. 다행히 제가 문법 공부를 미리 열심히 해 놓은 덕분에 회화 공부는 비교적 쉽게 이어 나갈 수 있었습니다. 문법 지식을 통해 문장 구조를 쉽게 파악할 수 있었고 여러 가지 회화 표현들을 빠르게 이해할 수 있었으니까요.

지금은 조금 다른 방법으로 탐구하듯이 영어 공부를 지속하고 있습니다. 예를 들어, 영어로 된 신문 기사를 읽다가 가끔 정확하게 이해가 되지 않는 영어 단어를 발견하면 그 단어에 대해 깊이 파고들기 시작합니다. 영한 사전을 이용하여 간단하게 모르는 단어의 뜻만 보고 넘어가는 게 아니라, 이 단어가 어떻게 탄생한 단어인지, 어떤 다양한 뜻을 갖고 있는지, 어떤 뉘앙스로 사용되는지 등 여러 방면으로 연구소에서 연구원이 시험 연구를 하듯이 면밀히 분석하는 겁니다. 다른 사람들에겐 이렇게 하나를 파는 것이 지루할 수 있는 일이지만 저에게는 꽤나 흥미로운 일입니다. 이런 저에게 특히 외국 영화나 드라마는 가끔씩 영어 보물 창고가 되어 주곤 합니다. 저는 외국 영화나 드라마를 시청할 때 한국어 자막이 아닌 영어 자막을 화면에 띄우며 시청하는 편입니다. 영어 자막을 이용하여 시청하면 가끔씩 생소한 영어 단어나 영어 회화 표현을 발견할 수 있죠. 이렇게 보물 같은 새 영어 단어나 표현이 등장하면 이걸 놓치지 않고 제대로 배워 제 것으로 만들려고 노력합니다.

뿐만 아니라, 일상생활에서 원어민 친구와 대화를 할 때에도 제가 정확히 이해하지 못하는 영어 표현을 듣게 되면 원어민 친구를 괴롭힐 정도로 그 표현에 대해 물어보곤 합니다. 모든 원어민이 저에겐 영어 선생님인 거죠. 어떻게 보면 '영어 공부하기'를 계속 해 나가고 있는 게 아니라 '영어 좋아하기'를 계속 하고 있는 게 아닐까 싶습니다. 우리가 누군가를 굉장히 좋아하거나 어떤 물건에 큰 관심을 가지게 되면 그 사람이나 물건에 대해 끊임없이 생각하게 되고 더 알아가고 싶게 되죠? 저는 아직까지도 영국뿐만 아니라 영어를 너무 좋아하기 때문에 영어에 대해 계속 더 알아가고 싶습니다. 저에게 영어 공부는 즐겁고 설레는 마음으로 끊임없이 이어지는 일상과도 같습니다. 그리고 제가 좋아하는 일을 본업으로 삼는 것 자체가 그저 감사한 일이죠.

여러분이 저처럼 영어 덕후가 될 가능성이 있을까 궁금하지 않나요? 아래의 체크리스트에서 여러분들의 영어 덕후력을 테스트해 보세요.

나의 영어 덕후력 체크리스트

☑ Checklist

1 어릴 때부터 영어를 좋아했다. ☐
2 영어 공부를 많이 하진 않지만 영어로 된 무언가에 관심이 많다. ☐
3 어릴 때 좋아하던 영어 노래가 있다. ☐
4 좋아하는 영어권 드라마나 영화가 있다. ☐
5 따라 하고 싶은 말투를 가진 캐릭터가 하나 이상 있다. ☐
6 더 알고 싶은 영미권 연예인이 있다. ☐
7 요즘 즐겨보는 영미권 쇼 프로그램이나 팟캐스트 또는 유튜버가 있다. ☐
8 언젠가 영어를 쓰는 나라에 가 보고 싶다. ☐
9 올해 영어로 된 책을 읽어 보는 것을 계획 중이다. ☐
10 영미권 문화에 관심이 많고 앞으로도 더 많이 알아 가고 싶다. ☐

[결과]

3개 이상: 아직 영어 덕후까진 아니지만 가능성이 충분합니다.

6개 이상: 영어 덕후 다 됐네요! 이대로 가면 더 깊게 영어에 빠질 거예요.

7개 이상: 이미 영어 덕후시군요. 성공한 영어 덕후가 될 날이 머지않았습니다.

PART 2

코리안빌리처럼 해외 경험 없이 한국에서 영어 잘하는 법

자, 이제 슬슬 제가 대체 어떤 방법으로 영어 공부를 했는지 궁금해 하실 것 같습니다. 심지어 제가 사용한 영어 공부 노하우나 방법을 한번 그대로 따라 하고 싶은 마음까지도 생길 수 있을 텐데요. 이번 파트에서는 많은 분들의 관심사인 제 '영어 공부법'에 대해 이야기해 볼까 합니다. "There is no royal road to learning."(공부에는 왕도가 없다)이라는 표현이 있듯이 공부에는 왕도가 없습니다. 즉, 영어 공부에는 딱 한 가지 정답, 딱 한 가지 효과적인 방법만 있는 게 아닙니다. 굉장히 다양한 영어 공부법이 있고, 사람마다 자신에게 맞는 방법이 있기 마련입니다. 그래서 나에게 굉장히 효과적이었던 영어 공부 방법이 다른 사람에게는 전혀 그렇지 않을 수도 있습니다.

여기서는 제가 20년이 넘는 세월 동안 다양한 방법으로 영어 공부를 해 오면서 느낀 점과 깨달은 점을 여러분과 공유하고자 합니다. 영어라는 언어 자체에 대한 제 생각이 될 수도 있고, 영어 공부에 대한 조언이 될 수도 있을 것 같습니다. 이야기 중 공감되는 부분이 있다면 참고하여 여러분의 영어 공부에 활용해 보세요. 그저 영어 공부에 있어서 오랜 기간 동안 다양한 시행착오를 겪은 한 친구가 들려주는 이야기라 생각하면서 가벼운 마음으로 읽어 나가시면 될 것 같습니다.

그럼, 시작해 볼까요?

영어 공부는 ______ 다

가끔씩 '영어 공부'라는 게 너무 광범위하고 복잡하게 느껴질 때가 있죠? 그럴 때는 영어 공부를 다른 것에 비유해 보거나 한마디로 정리하여 생각해 보면 영어 공부가 좀 더 쉽고 간단하게 느껴질 수 있습니다. 지금부터는 영어 공부를 다양한 것에 비유해 보거나 한마디로 정리하며 다양한 각도로 영어 공부에 대해 생각해 보도록 할게요.

1) 영어 공부는 목표가 아니라 도구일 뿐이다

새해 목표를 세우거나 방학 계획을 정할 때 단골로 등장하는 것이 바로 '영어 공부'입니다. 영어 회화 공부, 영어 점수 취득 등 다양한데요. 사실 영어 공부를 수단이 아닌 목표 그 자체로 설정하는 건 올바른 것이라고 보기 힘듭니다. 단순히 영어 공부 자체를 목표로 세우게 되면, 처음에는 열정적으로 할 수 있지만 시간이 지날수록 자신이 왜 영어 공부를 하는지에 대한 의문을 가지게 됩니다. 급기야 영어 공부를 해야 할 이유를 못 찾고 영어 공부의 동기마저 사라져 버리게 됩니다. 차라리 다른 일을 하는 게 더 도움이 될 것 같이 느껴지기도 하죠. 그렇게 결국 당차게 세운 '영어 공부'라는 목표는 흐지부지 끝나버리는 경우가 많습니다.

사실, '영어 공부'는 목표 자체가 아니라 다른 목표를 이루기 위한 '과정'이고, '영어'는 어떠한 목표를 달성하기 위한 '도구'입니다. 따라서 영어 공부를 목표로 설정하는 게 아니라 '영어 공부를 해서 무엇을 하고 싶은지' 생각한 뒤, 하고 싶은 그 일을 목표로 설정하는 게 제대로 된 목표 설정 방법인 거죠. 가령 여행하는 걸 좋아한다면 영어 공부를 열심히 한 뒤에 영어를 능숙하게 사용하여 외국 여행을 좀 더 편안하게 하는 것을 목표로 잡을 수 있습니다. 글쓰기를 좋아하는 사람이라면 영어 공부를 하여 거의 전 세계 사람들이 읽을 수 있는 언어인 영어로 나만의 글 또는 책을 써 보는 것을 목표로 설정할 수도 있죠. 좀 더 학문적인 목표를 설정할 수도 있습니다. 어떤 학문 분야를 더 깊게 공부하기 위해 대학원에 진학하려는데 대학원에서 영어 시험 성적을 요구할 때가 있죠? 그렇다면 영어 공부를 해서 점수를 취득한 뒤 대학원에 진학하는 것이 목표가 될 수 있습니다. 이렇게 영어 공부를 할 때는 영어를 통해서 내가 궁극적으로 무엇을 얻을지가 포인트가 되어야 합니다. 즉, "영어로 ______ 하기"가 목표가 돼야 하죠.

목표는 저마다 다양하게 설정할 수 있는데, 개인적인 것일수록 좋습니다. 나여야만 하는, 나만 할 수 있는 목표를 설정하는 거죠. 이렇게 하면 영어 공부에 대한 동기 부여가 잘 될 뿐만 아니라 각자의 개인적인 목표에 따라 영어 공부의 방향을 비교적 쉽게 정할 수 있습니다. 영어로 자유롭게 외국 여행을 하고 싶다는 것이 목표라면 영어 회화를 가장 중점적으로 공부하면 될 것이고, 영어로 좀 더 심화된 전공 공부를 하겠다는 게 목표라면 영어 독해와 영어 쓰기에 좀 더 집중하는 게 좋겠죠. 이렇게 목표에 따라 자신만의 영어 공부 길을 걸어나갈 수 있습니다.

저 같은 경우에는 영어 공부의 목표가 시기에 따라 달라지곤 하기 때문에 때때로 영어 공부 목표를 새로 정하여 계획을 다시 세우곤 합니다. 예를 들어, 고등학생일 때에는 영어 공부의 가장 큰 목표가 '영어로 대학교 진학하기'였기 때문에 대학교 진학을 위한 영어 성적이나 자격증을 취득하는 것에 초점을 맞추었습니다. 그 이후에는 '영어로 영국 사람들과 대화해 보기'라는 목표를 세워 영국영어 발음 교재를 사서 공부하기도 하고, 영국 영화와 드라마를 통해 회화 공부를 해 나갔죠. 이렇게 공부 목표는 시간이 흐름에 따라 달라질 수 있으므로 주기적으로 목표를 다시 세우면서 영어 공부의 방향을 다시 잡아 보고, 영어 공부 계획을 다듬어 볼 수 있었습니다.

다시 한번 강조하지만, '영어 공부' 자체는 목표가 될 수 없습니다. 영어는 어떠한 목표를 달성하기 위한 과정이자, 그 일을 이루기 위한 도구입니다. 여러분도 혹시 해야 할 일 목록에 막연하게 '영어 공부 열심히 하기'라고 적어놓진 않았나요? 그렇다면 지금부터 내가 영어를 잘하게 되면 무엇을 하고 싶은지 한번 생각해 보세요. 그리고 어떻게 하면 그것을 이룰 수 있는지 고민해 보는 거죠. 그렇게 하면 영어 공부의 길을 어디로, 어떻게 걸어야 할지 조금은 보이기 시작할 것입니다.

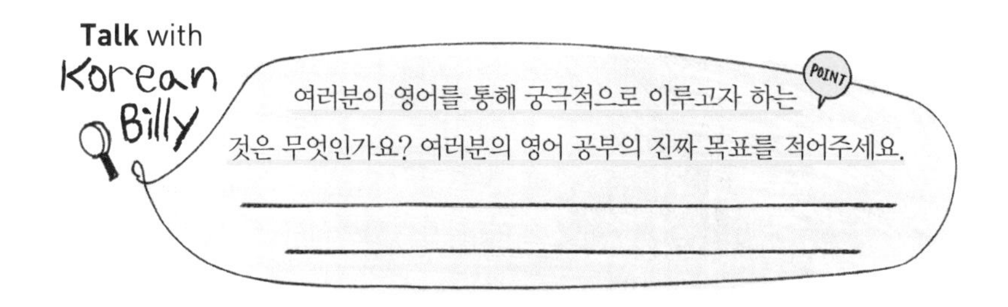

2) 영어 공부는 다이어트다

"다이어트든 영어 공부든 성공 비결은 바로 꾸준히 하는 것"

많은 사람들이 고민거리에 대해 이야기할 때 다이어트에 대한 주제가 종종 등장합니다. 쉬운 것 같으면서도 굉장히 어려운 다이어트. 잘 생각해 보면 영어 공부를 하는 것과 비슷합니다. 대체 무엇이 비슷하냐고요? 일단 우리는 여러 가지의 이유로 다이어트를 시작하기로 결심합니다. 여름을 앞두고 날씬한 몸매를 갖기 위해 다이어트를 하기도 하고, 단순히 건강을 위해 다이어트를 하기도 하죠. 어떤 이유로든 다이어트를 시작하기로 결심한 다음에는 수많은 다이어트 방법을 찾아봅니다. 세상에는 정말 다양한 다이어트 방법이 존재하죠. 원푸드 다이어트, 간헐적 단식, 저탄고지 다이어트 등등… 다양한 다이어트 방법이 우리의 눈을 사로잡습니다.

저도 다이어트를 한 경험이 정말 많은데요. 매번 다양한 방법으로 다이어트를 시도했었습니다. 대부분의 다이어트 도전은 실패로 끝났지만, 독하게 마음 먹고 열심히 다이어트를 하여 10kg 정도 체중을 감량한 적도 있었습니다. 여러가지 방법으로 다이어트 시행착오를 겪으면서 저는 한 가지 깨달음을 얻게 되었는데요. 사실 수많은 다이어트 방법은 다 거기서 거기이며 결국엔 본인이 한 가지 방법을 제대로, 꾸준히 지켜나가는 게 다이어트 성공의 비결이라는 점이죠. 물론 사람에 따라 또는 체형에 따라 상대적으로 좀 더 효과적인 다이어트 방법이 있을 수도 있겠지만, 이는 절대적으로 꼭 맞는 것이 아니므로 어떤 다이어트 방법이든 한 가지 방법을 제대로, 오랜 시간 꾸준히 해 나가는 게 가장 중요합니다.

영어 공부도 마찬가지입니다. 우리는 여러 가지 이유로 영어 공부를 시작하기로 결심하고, 영어 공부 방법에 대해 이것저것 찾아봅니다. 세상엔 수많은 영어 공부 방법과 영어 공부 자료가 존재하죠. 그중 자신에게 맞겠다 싶은 자료를 선택해서 영어 공부를 시작했는데도 별 효과나 성과 없이 영어 공부를 흐지부지 끝내는 경우가 많이 있죠. 물론 그 수많은 영어 공부 방법 중에서 자신에게 더 효과적인 방법이 있을 수도 있습니다. 하지만 어떤 영어 공부 방법을 활용하든 한 가지 방법을 제대로, 오랜 시간 동안 해 나가는 게 가장 중요합니다.

또 다이어트의 성공 만큼이나 어려운 게 바로 다이어트를 성공한 후에 체중이나 몸매를 '유지'하는 것입니다. 다이어트에 성공하여 체중을 감량하더라도 그 후에 꾸준히 관리하지 않으면 요요 현상이 생기곤 하죠. 영어 공부도 이와 비슷합니다. 예를 들어, 영어 공부를 열심히 해서 영어 실력을 쌓았는데, 그 이후에는 영어를 쳐다보지도 않고 사용하지도 않은 상태로 몇 년의 공백기가 흐르면 아무리 왕년에 나름 영어 공부를 열심히 했던 사람일지라도 쉽게 영어를 쓰지 못할 겁니다. 영어 실력은 한 번 늘었다고 그 상태가 그대로 쭉 유지되는 게 아닙니다. PT를 열심히 받은 후 1년간 먹기만 하고 운동을 하나도 하지 않으면 근손실이 오듯이, 영어 선생님의 수업을 열심히 들은 후에 영어를 하나도 써먹지 않는다면 영어 실력도 금방 달아나겠죠.

저는 영어나 다이어트는 단기적으로 띄엄띄엄 하는 게 아니라 앞으로 평생 해 나가는 것이라고 생각합니다. 그러므로 괜히 쫓기듯 급하게 하는 게 아니라 편안한 마음으로 천천히, 그리고 꾸준히 해야 합니다. 영어 공부도 매번 전력 질주를 하는 100m 달리기가 아니라 마라톤과 같은 장기전이라고 생각해 보세요. 영어 공부는 여러 가지 방법을 무리하게 다 사용하면서 급하게 한다고 좋은 게 아닙니다. 영어 공부의 성공 비결은 한 가지 방법만 사용하더라도 제대로, 꾸준히 해 나가는 것이죠.

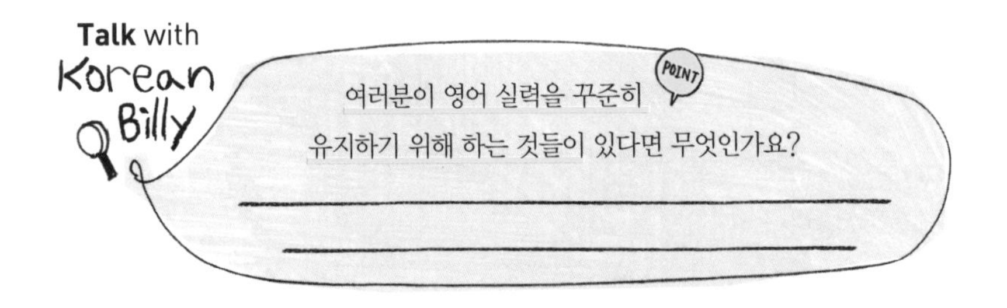

3) 영어 공부는 연기 연습이다

저는 영어를 잘 사용한다는 건 마치 원어민이 된 것처럼 연기를 잘 하는 것이라고 생각합니다. 제가 영어 공부를 할 때, 특히 영어 회화 공부를 할 때에는 가끔 이렇게 생각하기도 했습니다. '지금 내가 있는 곳은 런던이고, 나는 런던에 살고 있는 영국 사람이야.' 그러고는 저 스스로 '런던에 사는 영국 사람'이라는 캐릭터를 연기한다는 생각으로 영어 말하기 연습을 했죠. 영어를 사용하는 원어민은 이런 상황에서 어떻게 행동하고 말할까 생각하며 그 원어민을 연기해 보는 것입니다.

우리가 영어 회화 공부를 할 때 많이 사용하는 방법은 바로 원어민이 사용하는 영어를 듣고 그것을 그대로 흉내 내는 것입니다. 처음에는 쉽지 않지만 계속 원어민을 따라 하다 보면 점점 비슷하게 말할 수 있게 되겠죠. 이걸 다르게 생각해 보면, 원어민을 흉내 내며 영어 회화 공부를 하는 건 원어민 연기 연습을 하는 것과 비슷하다고 볼 수 있습니다. '원어민'이라는 캐릭터를 우리가 자연스럽게 연기하기 위해 계속 연기 연습을 하는 거죠.

원어민이 사용하는 영어 회화 표현들이 바로 영어 대사인 것입니다. 배우가 어떤 캐릭터를 연기할 때에는 대사를 잘 외운 뒤에 정확한 발음으로 그 대사를 전달하는 게 중요합니다. 그런데 연기를 잘하기 위해서는 단순히 대사를 줄줄 외워서 잘 읊기만 하는 게 아니죠. 전달하고자 하는 대사에 자연스럽게 감정을 담아 표현해야 합니다. 연기에서 감정을 잘 전달하기 위해서는 다양한 것을 고려해야 하죠. 대사를 말하는 목소리의 어조, 말하는 속도, 말할 때의 표정과 몸짓 등이 대사에 자연스럽게 녹아있을 때 연기가 자연스러워집니다. 간단하게 이야기하면 '말하는 로봇'이 아니어야 하는 거죠.

영어를 원어민처럼 잘 사용하는 사람도 연기를 잘하는 사람과 비슷합니다. 영어로 말할 때 감정 없는 로봇처럼 너무 딱딱하게 이야기하는 사람을 보면, 그 사람이 영어 표현을 아무리 많이 알고 있다 해도 뭔가 어색해 보입니다. 반면 영어로 말할 때 원어민처럼 목소리의 높낮이를 바꿔보기도 하고, 각 영어 표현에 맞는 표정과 몸짓을 자연스럽게 사용하는 사람도 있습니다. 이런 사람을 보면 나름 영어 회화를 잘한다는 생각이 들죠. 심지어 다른 사람들에 비해 비교적 아는 영어 단어나 영어 표현이 부족하더라도 영어를 원어민처럼 여유롭게 사용하면, 그 사람이 영어를 못한다는 생각은 거의 들지 않습니다.

영어 읽기나 쓰기 공부와 같은 경우에는 연기 연습과 조금 거리가 멀 수도 있습니다. 원어민처럼 아주 자연스럽게 영어를 사용하지 않더라도 영어 독해 능력과 영어 글쓰기 능력이 뛰어난 사람이 있을 수 있죠. 그 반대의 경우도 있을 수 있고요. 하지만 영어 회화 공부는 연기 연습과 비슷한 점이 아주 많습니다.

저는 영어 회화 공부를 할 때, 즐겨 보는 영국 드라마나 영국 영화의 한 캐릭터를 롤모델로 정하곤 했습니다. 그리고 그 롤모델처럼 영어로 말하기 위해 열심히 연습했죠. 어떻게 보면 롤모델처럼 말하기 위해 연습하는 게 그 캐릭터를 연기하는 연습이었던 것입니다.

제가 롤모델로 정했던 캐릭터로는 여러 가지가 있는데요. 어렸을 때에는 영화 〈해리포터〉 시리즈에 등장하는 헤르미온느가 제 롤모델이었습니다. 언제나 똑 부러지게 말하는 모습에 반해서, 저도 헤르미온느처럼 당차게 영어로 말하는 연습을 하기도 했죠. 또, 영국 드라마 〈닥터 후〉를 즐겨보았을 때에는 주인공 닥터를 롤 모델로 정하여 닥터처럼 발랄하게 말하는 연습을 해보기도 했습니다. 헤르미온느와 닥터로 잠깐 빙의되어 대사를 실감나게 연기해 보는 연습을 했던 거였죠. 여러분도 한번 머릿속으로 상상해 보세요. 예를 들어, 내가 지금 뉴욕의 거리를 걷는 미국인이라고 생각하는 거죠. 그리고 내가 이 미국인 캐릭터가 되어 뉴욕에서 지하철을 타는 연기를 해 보기도 하고, 친구들과 수다를 떠는 연기를 해 보기도 하는 겁니다. 심지어 미국인들이 자주 쓰는 감탄사를 사용하며 혼잣말을 하는 독백 연기를 해보기도 하는 거죠. 이렇게 머릿속으로 시뮬레이션을 해 보면 다음에 실제로 외국에 가게 되었을 때 덜 긴장하게 됩니다. 그리고 좀 더 편안하고 자연스럽게 영어를 사용할 수 있게 됩니다. 왜냐하면 이미 비슷한 환경을 상상하며 리허설을 했으니까요. 영어 회화 공부를 하는 우리는 모두 영어 원어민 역할을 맡은 배우입니다.

영어를 시작할 때 가지면 좋은 마음가짐과 자세

영어 공부를 할 때 가장 어려운 것 중 하나가 바로 영어 공부를 '시작'하는 것이죠. 애초에 영어 공부라는 것 자체가 너무 막막하고 부담스러워서 시작할 엄두조차 못 내는 분들이 많습니다. 이 부분에서는 영어를 처음 접하고 영어 공부를 시작하려 할 때 어떤 마음가짐과 자세를 가지고 영어를 만나면 좋을지 이야기해 볼게요.

1) 영어가 주는 혜택을 누려보자

당신이 지금 당장 영어 공부를 시작해야 하는 이유

▼ 동영상 바로 가기

"글로벌 인재가 되려면 영어 공부 해야지."

"스펙 쌓아서 좋은 직장에 가려면 영어 공부 해야지."

"다들 영어 공부 하니까 너도 영어 공부 해야지."

우리 주변에는 영어 공부에 대한 수많은 이야기가 있습니다. 어떤 친구는 방학 동안 토익 점수를 딴다고 하고, 또 어떤 친구는 외국으로 어학 연수를 떠난다고 하죠. 주변 친구들 이야기뿐만 아니라, 수많은 영어 학원과 학습 프로그램 광고들도 끊임없이 압박을 해댑니다. 주변에서는 당장이라도 영어 공부를 하지 않으면 큰일이 생길 것처럼 이야기하곤 하죠. 그래서 막연하게 영어 공부를 해야 할 것 같은 위기감이 들기도 하지만, 단순히 어떠한 목적이 없이 무작정 영어 공부를 해야 한다는 말은 또 그다지 와닿지 않습니다. 내가 굳이 영어 공부를 왜 해야하는지 알 수 없으니 영어 공부를 자꾸 뒤로 미루게 되죠. 자, 그렇다면 우리 모두에게 해당되는 '지금 당장 영어 공부를 시작해야 하는 진짜 이유'는 대체 무엇일까요?

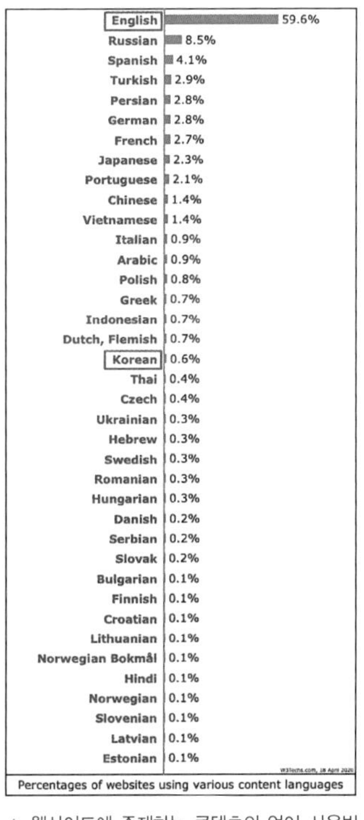

▲ 웹사이트에 존재하는 콘텐츠의 언어 사용빈도(출처: W3Techs)

영어 공부를 해야 하는 이유에 대해 이야기하기에 앞서 '영어를 할 줄 알면 누릴 수 있는 것'에 대해 먼저 이야기하는 게 좋을 것 같습니다.

영어 공부를 하면 누릴 수 있는 일종의 혜택이라고 생각하면 될 듯합니다. 먼저 웹 기술 자료 조사 사이트인 W3Techs에서 발표한 통계자료를 하나 살펴보도록 할게요. 온라인상에 존재하는 상위 천만 개의 웹사이트에서 콘텐츠로 사용된 각 언어의 비율을 조사한 결과인데요. 2020년 4월 18일 발표한 자료를 보면, 상위 천만 개의 웹사이트에서 콘텐츠로 사용된 모든 언어 중 59.6%가 영어입니다. 즉, 절반이 넘는 콘텐츠가 영어로 되어 있다는 것입니다. 반면에 한국어는 어떨까요? 고작 0.6%에 불과합니다. 보시다시피 영어에 비하면 한국어 콘텐츠 비중은 매우 낮습니다. 이 자료를 통해서, 우리가 세계 공용어인 영어를 사용할 수 있게 되면 얻을 수 있는 게 크게 세 가지가 있다는 것을 알 수 있습니다.

첫 번째로는 우리가 접할 수 있는 '양질의 정보'가 상당히 많아진다는 것입니다. 요즘 시대에 더 좋은 정보를 남들보다 더 많이 빨리 알게 된다는 것은 굉장한 경쟁력이라 할 수 있습니다. 심지어 생계와 이어질 수도 있는 것이 바로 양질의 정보인데요. 영어를 사용할 수 있게 되면 우리가 얻을 수 있는 정보의 양이 상당히 많아집니다. 우리 생활에 보탬이 되는 작은 정보에서부터 대학교에서 배우는 전문 지식과 같은 정보까지 다양한 분야를 아우를 수 있죠. 그런데 어떤 정보든 대체적으로 한국어에 비해 영어로 된 정보가 훨씬 더 많습니다. 예를 들어, '영어 공부 방법'에 대한 정보를 얻기 위해 구글에서 검색해 보도록 하겠습니다. 검색하는 시기에 따라 다르겠지만 한국어로 '영어 공부 방법'이라고 검색할 때 얻을 수 있는 결과에 비해서 같은 뜻인 'How to study English'라고 검색할 때 얻을 수 있는 결과의 양이 50배에서 100배 넘게 차이가 납니다. 한국어로 검색할 때 천만 단위의 결과 수가 나온다면 영어로 검색할 때에는 억 단위의 결과 수가 나오는 것이죠.

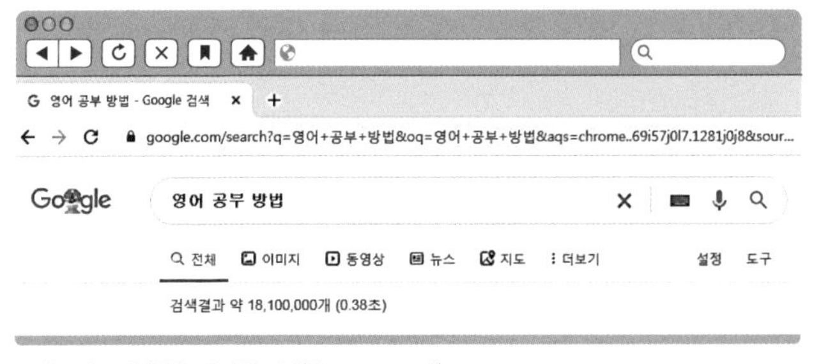

▲ 한국어로 검색했을 때 검색 결과(약 18,100,000개)

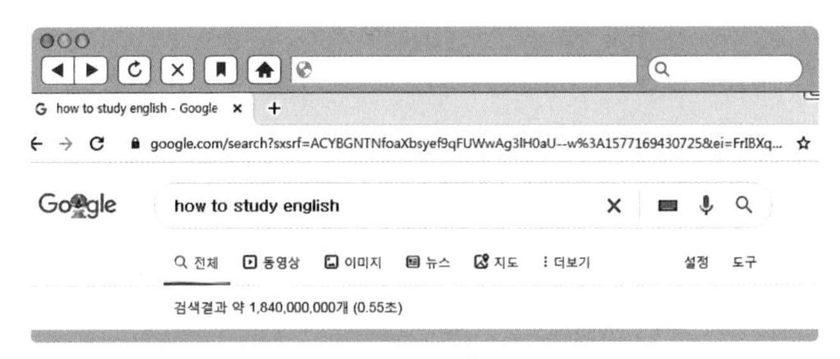

▲ 영어로 검색했을 때 검색 결과 (약 1,840,000,000개)

이러한 영어 검색은 특히 희귀한 주제에 대해 검색할 때 더 빛을 발합니다. 대학교 전공 과제를 하거나 논문을 쓰기 위해 자료를 구할 때 한국어로 검색하면 워낙 어렵고 희귀한 주제라 원하는 자료를 찾기가 쉽지 않습니다. 그런데 영어로 검색하여 찾으면 원하는 자료를 발견하기 훨씬 쉽습니다. 심지어 대학교 전공 교재나 여러 논문은 아예 한국어 번역본이 없고 영어 원문으로만 존재하는 경우도 많습니다. 그래서 저 같은 경우에는 어떤 주제에 대해 정보를 찾으려 할 때 아예 먼저 영어로 검색하곤 합니다. 영국 북부 지역의 사투리에 대한 정보를 얻고 싶을 때 '영국 북부 지역 사투리'로 검색할 때보다 'Northern England dialects' 라고 검색할 때 훨씬 더 많은 정보를 얻을 수 있는 것이죠. 이렇게 웬만한 주제는 영어로 된 자료가 훨씬 많다 보니 한국어로 검색할 때에 비해 양질의 정보를 더 많이, 더 빨리 얻을 수 있는 확률이 높아지는 거죠.

영어를 할 수 있게 되면 얻을 수 있는 두 번째 혜택은 수많은 '즐길 거리'가 생긴다는 것입니다. 간단하게 말하자면, 영어로 된 영화나 TV 드라마, 소설, 수필, 만화, 애니메이션, 노래를 모두 즐길 수 있게 되는 것이죠. 이런 즐길 거리 또한 한국어로 제작된 것보다 영어로 제작된 것이 훨씬 더 많은데요. 여러분께서 넘쳐나게 많다고 생각하고 있는 한국어 콘텐츠는 사실 세상에 존재하는 모든 콘텐츠 중 극히 일부에 불과합니다. 자막이나 번역본을 통해 이미 영어 콘텐츠를 충분히 즐기고 있다고 느낄 수도 있겠지만, 자막이 없거나 번역되지 않은 영어 콘텐츠가 훨씬 더 많기 때문이죠. 영어를 할 수 있게 되면 즐길 거리가 무궁무진하게 많아지는 것입니다.

영어를 사용할 수 있게 되면 얻을 수 있는 세 번째 혜택은 영어를 사용하는 다른 모든 사람과 '소통'할 수 있다는 것입니다. 앞서 살펴본 자료에 나오는 59.6%의 영어 콘텐츠는 모두 누가 만드는 것일까요? 바로 영어를 사용하는 사람들이겠죠. 영어를 사용할 수 있게 되면 영어를 사용하는 수많은 사람들과 소통할 수 있게 됩니다. 영어를 사용하는 사람으로는 영어 원어민이 될 수도 있고, 영어를 배워서 사용하는 외국인도 될 수 있겠죠.

이렇게 더 많은 사람들과 소통할 수 있다는 말은 더 많은 사람들과 대화를 나눌 수 있다는 것이며 더 많은 사람과 대화를 나눌 수 있다는 것은 더 많은 사람들과 정보를 교환할 수 있게 된다는 말이기도 합니다. 정보를 교환할 수 있다는 건 앞서 이야기한 대로 양질의 정보를 더 많이 얻을 수 있다는 것이죠. 정보 교환이라는 게 거창한 게 아닙니다. 예를 들어, 제가 이탈리아로 여행을 갔을 때의 일입니다. 여행 관련 정보와 일정을 빼곡히 정리해 둔 수첩을 잃어버리고 말았죠. 애써 정리한 정보들이 송두리째 사라지자 막막하기만 했습니다. 그런데 마침 주변에 영어를 잘하는 이탈리아인 친구가 있어서 그 친구에게 이탈리아 현지 정보를 생생하게 전달받을 수 있었죠. 이처럼 영어를 사용할 수 있게 되면 원어민 뿐만 아니라 영어를 사용하는 모든 사람과 소통할 수 있게 되어, 대화할 수 있는 사람이 무궁무진하게 많아지는 것입니다. 특히 해외 여행을 할 때, 아시아든, 유럽이든, 오지로 가지 않는 이상, 영어만 사용할 수 있으면 여행하는 데 어려움이 없습니다. 어느 나라에 가든 웬만하면 영어로 사람들과 소통할 수 있으니까요. 흔히 말해 정보와 소통의 신세계를 경험해 볼 수 있는 것이죠. 오스트리아와 영국에서 활동한 철학자 루트비히 비트겐슈타인Ludwig Wittgenstein이 한 말이 있습니다. "나의 언어의 한계가 나의 세상의 한계다."(The limits of my language mean the limits of my world.)

앞서 등장했던 콘텐츠 언어 비율에 대한 자료를 다시 떠올려 보죠. 한국어만 사용할 때에는 0.6%라는 작은 세상 속에서 살아가는 것과 다름 없습니다. 하지만 영어를 사용함으로써 한국어 0.6%에 영어 59.6%가 더해져 60.2%라는 훨씬 더 넓은 세상 속에서 살아갈 수 있게 됩니다. 내 세상의 한계점이 늘어난다는 건 내 잠재력과 가능성이 더 커진다는 거겠죠. 영어를 배우기 전에는 상상도 못했던 일이, 영어를 배운 후에는 실현 가능해질 수 있습니다. 저도 영어를 배운 덕분에 제 잠재력을 극대화시킬 수 있었습니다. 흔히 말해 포텐이 터진다고 하죠. 덕분에 영어와 함께 즐겁고 색다른 삶을 살고 있습니다. 영어가 없는 제 세상은 상상만 해도 갑갑할 것 같네요. 이렇게 영어를 함으로써 누릴 수 있는 혜택은 제가 위에서 이야기한 세 가지 외에도 무궁무진합니다. 그런데 이 세 가지만 들어도 벌써 영어 공부를 하고 싶지 않나요?

1. 사용 가능한 콘텐츠 양 증가
2. 즐길 거리 증가
3. 외국인과 소통 가능

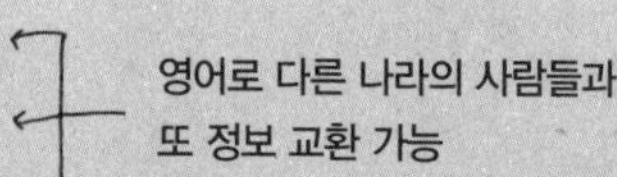

Talk with Korean Billy

POINT

영어를 할 수 있게 되면 위 세 가지 외에 또 무엇을 얻을 수 있는지 여러분이 직접 상상하며 아래에 적어 보세요.

1. ______________________________

2. ______________________________

3. ______________________________

2) 두려움은 금물, 우리는 이미 언어를 마스터한 경험이 있다

영어를 마스터한다는 것은 사실 생각만 해도 벅찬 일입니다. 우리말과는 너무나 다른 언어인 이 영어를 어느 세월에 다 배워서 마스터할지, 생각만 해도 막막해지죠. 우리는 이렇게 영어 공부를 제대로 시작해 보기도 전에, 영어 공부는 커녕 언어 공부 자체와 거리가 먼 사람으로 스스로를 치부하기도 합니다. 하지만 사실 우리는 이미 모두 한 가지 언어를 마스터한 경험이 있습니다. 여러분께서 바로 지금 읽고 있는 이 언어, 한국어 말이죠. 어머니 뱃속에서 갓 나와서 우렁차게 울어 대던 당시에는 말 그대로 0개 국어가 가능한 상태였습니다. "나 태어났다!"라고 말하는 대신 그저 "응애응애" 울어 대는 것 밖에 할 수가 없던 상태였죠. 갓난아기에게 가능한 언어는 단순히 울거나 옹얼거리는, 말없이 소리만을 사용하는 언어뿐이었습니다.

그런데 그 갓난아기는 한국에서 자라는 몇 년 사이에 한국어를 보고 들으면서 빠르게 습득한 뒤, 자유자재로 한국어를 사용할 수 있게 되죠. 그리고 그 갓난아기는 바로 지금 이 글을 읽고 있는 현재의 우리 모습으로 성장하게 됩니다. 이렇듯 우리는 이미 모두 한 가지 언어를 마스터하여 이를 자유자재로 구사하고 있습니다. 그러니 새로운 언어를 하나 더 배우는 것에 대해 겁을 먹을 필요가 전혀 없죠. 우리 모두 성공적인 언어 공부 경력이 있으니까요.

이러한 맥락으로 생각해 보면 "영어 공부에 소질이 없다.", 혹은 "영어 공부가 적성에 맞지 않는다."라는 건 말이 안 되지 않을까요? 언어를 배우는 게 예술이나 스포츠를 하는 것처럼 적성에 큰 영향을 받는 것이라면 '음치'나 '몸치' 같이 '언어치' 즉, 어른이 되어서도 모국어를 쉽게 배우지 못하는 사람이 있어야 할 것입니다. 보통 우리는 소질이 없어도 어떻게든 모국어를 사용할 수 있게 되죠. 영어를 사용할 수 있게 되는 것도 마찬가지입니다. 소질이 있는, 대단한 사람들만 하는 것이 아니라 누구나 어떻게든 가능하게 되는 것이죠. 그러니 '영어 공부'를 나와 동떨어진 것, 어렵고 낯선 것이라 생각하지 않아도 됩니다. 이미 내가 했던 것을 바꿔서 다시 해 보는 것일 뿐이죠. 어쩌면 이미 경험했던 것이라 더 쉬운 일이 될 수도 있습니다.

3) 인연 혹은 악연, 영어의 첫인상이 결정한다

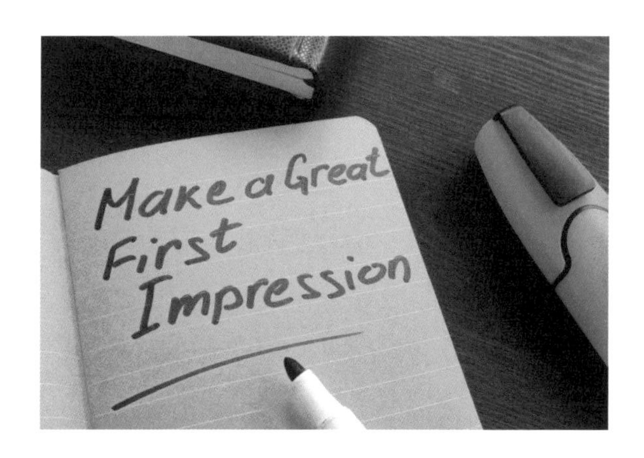

이 책의 앞부분에서, 제가 영어와 처음 만났을 때를 돌아보며 언급한 "첫인상이 평생을 좌우한다."라는 말을 기억하시나요? 저는 이 말에 대해 좀 더 이야기하고 싶습니다. 보통 첫인상의 중요성은 인간관계에 대해 이야기할 때 등장하는 주제이지만 영어에 대해 이야기할 때에도 생각해 볼 만한 주제인 것 같습니다. 저 같은 경우에는, 앞서 이야기했듯이 아주 어렸을 때부터 자발적으로 영어로 된 즐길 거리들을 찾아서 접했습니다. 때문에 영어에 대한 첫인상이 상당히 긍정적인 편이죠. 평생 갈 수 있는 이 긍정적인 영어 첫인상 덕분에 지금까지도 영어를 친근한 대상으로 받아들일 수 있는 것 아닌가 싶습니다.

일반적으로 많은 사람들이 영어를 본격적으로 처음 접하는 시기는 학교에서 영어 수업을 들을 때가 아닐까 싶습니다. 물론 조기 교육으로 영어를 훨씬 더 빨리 접하는 사람들도 있죠. 보통, 자발적인 의지가 아닌 부모님의 뜻에 따라 수동적으로 접하게 되는 경우가 많을 것입니다.

그렇게 얼떨결에 영어를 배우기 시작하면서 영어에 대해 스스로 곰곰이 생각해 볼 시간도 없이 영어 시험을 통해 영어와의 악연이 시작됩니다. 갑자기 영어가 '공부해야 하는 것', 또는 그저 '점수를 잘 받아야 하는 것'이 되는 것이죠. 영어를 즐기면서 천천히 받아들이는 준비 과정도 없이 풀어야 할 영어 문제들만 산더미처럼 눈앞에 쌓여갑니다. 그렇게 영어는 우리에게 어렵고 부담스러운 것, 급기야 피하고 싶은 것이 되죠. 물론 영어 공부를 열심히 해서 영어 시험 점수를 잘 받는 사람도 있겠지만, 공부로 영어를 처음 접한 사람들에게 영어란 여전히 '시험' 또는 '점수'라는 딱딱한 첫인상으로 남아있죠. 때문에 영어 시험 점수를 잘 받은 뒤에 영어 공부를 할 필요가 없어지게 되면 영어에서 아예 손을 떼는 경우가 생길 수도 있겠죠. 영어 점수는 높지만 시험이 아닌 실생활에서 영어를 제대로 활용하지 못하는 사람들의 대부분이 이 경우에 속한다고 볼 수 있습니다. 그렇기 때문에 영어에 대한 첫인상, 즉 초반에 갖는 이미지가 정말 중요합니다. 저 역시 학창시절에는 수많은 영어 시험을 봐야 했기 때문에 때로는 원하지 않는 영어 공부를 하기도 했습니다. 그럴 때엔 영어 공부가 무척 지루하기만 했죠. 하지만 지루한 영어 공부를 하는 중에도 머릿속에 가득했던 영어에 대한 긍정적인 이미지가 지금까지 영어 공부를 하는 데에 원동력이 됐습니다.

반면에 영어에 대해 안 좋은 첫인상을 갖고 있는 분들께서는 다음과 같이 저에게 반문할 수도 있을 것 같습니다.

"저는 영어에 대한 첫인상이 별로 좋지 않고, 영어에 대해 힘든 기억 밖에 없는데 이제 어쩌죠? 그냥 평생 이렇게 영어 때문에 힘들어야 하나요?"

자, 그런 분들께도 희소식이 있습니다. 첫인상만큼 중요한 것이 바로 '끝인상'이라는 사실이죠. 여러분께서 지금 영어를 '다시' 만나면서 갖게 되는 인상이 중요합니다. 이제는 억지로 영어를 만났던 모든 안 좋았던 순간을 잊어버리고, 조금 다른 시각으로 영어를 만나 보세요. 우선 재밌고 쉬운 콘텐츠부터 찾아보세요.

도전하는 것에만 집중하여 너무 어려운 것으로 시작하게 되면 영어에 대한 거부감이 다시 생겨버릴 수도 있습니다. 그렇기 때문에 쉬운 것부터 접하는 게 영어에 대해 조금씩 마음을 열 수 있는 방법입니다. 보기만 해도 울렁거리는 영어 시험 지문은 잠시 덮어두고, 이젠 영어로 된 재밌는 것들을 찾아보세요. 쉽고 재미있게 영어를 즐길 수 있는 것들은 아주 많습니다. 가장 흔한 것으로는 영어로 제작된 영화나 드라마가 있습니다. 또는 영어로 된 책 중에서 흥미로워 보이는 주제의 책을 찾아볼 수도 있겠죠. 이렇게 자발적으로 영어를 접하며 영어로 된 것들을 즐기다 보면 영어에 대한 이미지를 '어려운 것'에서 조금씩 '재미있는 것'으로 바꿔 나갈 수 있지 않을까요? 영어 공부를 다시 시작할 때에도 마찬가지로 쉬운 영어 문제부터 풀어보세요. 영어에 대해 '하면 된다'는 긍정적인 이미지가 만들어져서 영어 공부를 계속해 나갈 수 있는 원동력이 될 것입니다. 이렇게 해서 다시 잘 만들어진 영어에 대한 인상은 앞으로 영어를 대하는 태도로 이어지게 되고, 영어를 대하는 태도는 영어 공부를 실천하는 것으로 이어질 것이며, 이것은 영어 실력과 직결되겠죠. 영어 실력을 어떻게 쌓아야 할지 너무 막연하다면 일단 '영어를 어떻게 바라볼 것인가' 하고 생각해 보는 것도 좋을 것 같습니다.

4) 힘들게 유학가지 않고도 한국에서 충분히 영어를 잘할 수 있다?

“영어 잘하려면 무조건 유학 가야 하는 거 아니에요?”

주변에 영어를 잘하는 사람들을 보면 당연히 유학을 다녀왔거나, 외국에서 태어났거나 또는 외국에서 오랫동안 살다 왔다고 생각하곤 합니다. 하지만 영어를 잘하는 사람들이 모두 유학 경험이 있거나 외국에서 오랫동안 살다 온 것은 아닙니다. 외국 땅을 아예 밟아 본 적도 없는데도 충분히 영어를 잘하는 사람도 있죠. 오히려 외국에 살다 왔어도 영어를 유창하게 하지 못하는 사람도 많습니다.

“빌리님은 외국에서 오랫동안 살다 오신 거 아니에요? 아니면 현재 외국에서 살고 계시나요?”

제 유튜브 영상을 보고 때때로 이런 질문을 하는 분들이 있습니다. 제가 영어를 잘하는 이유가 외국으로 유학을 다녀왔거나, 외국에서 오랫동안 살다 왔기 때문이라고 오해를 하는 것이죠. 하지만 저는 대학교 때 교환학생으로 6개월간 영국에서 지낸 게 외국 생활의 전부이고 평생 한국에서만 영어 공부를 하며 영어 실력을 쌓았습니다. 물론 영국에서 지낸 6개월 동안 영어 실력이 많이 늘긴 했지만, 제 영어 실력에 있어 중요한 역할을 한 시간은 모두 한국에서 보낸 시간이죠. 무엇보다 영국으로 가기 전에 이미 영어를 나름대로 편하게 사용할 수 있었습니다. 그러니 영국에서 보낸 시간은 영어 실력을 쌓는 데 보탬이 될 뿐이었죠.

제가 이 이야기를 꺼내는 이유는 제 자랑을 하기 위해서가 아니라 여러분께 한국에서도 충분히 영어 실력을 쌓아서 영어를 잘하는 사람이 될 수 있다는 이야기를 하고 싶기 때문입니다. 영어를 잘하기 위해 외국 유학이 필수는 아니라는 겁니다.

사실, 영어만큼 한국에서 공부하기 좋은 게 있을까요? 한국에는 영어를 배울 수 있는 자료가 말 그대로 넘쳐납니다. 집 근처에 있는 서점에 가서 외국어 코너에 가면 영어를 배울 수 있는 책이 수십 권, 수백 권이 있습니다. 영어를 배울 수 있는 학원들도 흔합니다. 심지어 영어 원어민 선생님과 화상이나 전화를 통해 1:1로 영어를 배울 수도 있죠. 인터넷상에는 무료 동영상 강의나 무료 어휘집 등 공짜로 영어 공부를 할 수 있는 자료 또한 무궁무진하게 많습니다. 영어를 어느 정도 이해할 수 있는 사람이라면 영어로 된 외국 사이트에서도 영어 학습 자료를 찾을 수 있습니다. 앞서 이야기했듯이, 영어를 사용할 수 있게 되면 한국어 자료와는 비교도 할 수 없이 많은 영어 정보를 얻을 수 있다고 했죠? 영어 공부 자료도 한국어로 된 자료보다 영어로 된 자료가 훨씬 더 많습니다.

참고로 제가 제작하고 있는 유튜브 영상도 여러분께서 무료로 영어를 공부할 수 있는 좋은 자료입니다. 특히 유튜브에는 무료로 영어를 배울 수 있는 영상이 아주 많습니다. 한국인이 우리말로 이해하기 쉽게 영어를 가르쳐 주는 것은 물론, 원어민이 직접 영어를 가르쳐 주는 영상도 많이 찾아볼 수 있죠. 그저 영어 관련 자료를 유튜브에서 검색하기만 해도 많은 무료 동영상을 발견할 수 있습니다. 저도 이렇게 한국에서 수많은 영어 공부 자료를 접하며 영어 실력을 쌓았습니다. 영어 사이트에서 무료 자료나 동영상을 보았을 뿐만 아니라, 서점에 가서 마음에 드는 영어 공부 교재를 직접 골라서 보기도 했죠. 영어 학원에 다니기도 하고, 인터넷에서 영어로 된 신문 기사를 읽거나 원어민 영상을 찾아보기도 하며, 라디오를 듣기도 했습니다. 한국에서 할 수 있는 영어 공부 방법을 거의 다 해 보았다고 볼 수 있습니다. 그 결과 국내에서만 공부했는데도 원어민과 자유롭게 대화를 나눌 수 있는 수준까지 될 수 있었습니다.

미국이나 영국, 호주 같이 영어권 국가에서 살다 오면 저절로 영어 실력이 는다고 생각하는 사람도 있습니다. 물론 아주 오랜 시간을 외국에서 지내다 보면 절대적으로 영어를 접하는 양 자체가 늘어나기에 자연스럽게 영어가 들리기 시작하고, 어느 정도 영어를 익힐 수는 있겠죠.

하지만 외국에서 산다고 해도 본인이 노력하여 공부하지 않으면 영어 실력은 절대 늘지 않습니다. 애써 큰 돈 써서 유학 다녀왔는데 영어 실력이 그다지 늘지 않았다고 불평하는 사람을 보면 보통 외국에서 시간만 보낼 뿐 영어 실력을 쌓는 데 주의를 기울이지 않는 사람이 많죠. 기억하세요. 가장 중요한 건 '어디에서' 영어 공부를 하느냐가 아니라 '얼마나' 영어 공부를 하느냐입니다. 그러니 한국에서 영어 공부를 하는 게 어렵다고 생각하지 마세요. 한국인에게 한국만큼 영어 공부를 하기 좋은 조건을 갖춘 곳이 없답니다. 언제 어디서든 영어 공부를 꾸준하게 계속 해나가는 것이 중요합니다. 저도 가능했듯이 여러분 또한 충분히 가능합니다.

5) 영어를 잘하고 싶다면 '적극적'으로 들이대 보자

제가 아는 사람들 중에서 영어 실력이 다른 사람들에 비해 유독 빨리 느는 사람들이 있습니다. 이런 사람들이 어떻게 비교적 빨리 영어 실력을 쌓았는지 살펴보니 한 가지 두드러지는 특징이 있었는데, 바로 외향적이고 적극적인 성격을 갖고 있다는 거였죠. 영어라는 언어를 배우는 건 결국 다른 사람들과 소통하기 위해서죠? 그렇기 때문에 다른 사람과 소통하는 걸 즐기는 성격을 갖고 있는 사람들에게 영어를 배우는 건 굉장히 즐거운 일이 될 수 있습니다. 특히 영어 회화 부분에서는 더욱더 그렇죠. 영어 공부를 하면서 다른 사람과 거리낌 없이 영어로 말할 수 있을 때 영어 실력도 더 빨리 향상될 수 있습니다.

저 같은 경우는 영어에 있어서는 정말 적극적으로 나섰습니다. 제가 유치원생일 때 있었던 일입니다. 부모님과 함께 집 근처를 걸어가다가 낯선 외국인을 발견한 적이 있습니다. 전혀 모르는 사이였음에도 불구하고 무작정 그 외국인에게 달려가서 신나게 "헬로우!"라고 인사를 했죠. 하지만 그때 제가 할 수 있는 영어는 인사가 전부였기 때문에 외국인이 함께 인사를 해주고 저에게 질문을 하려고 하면, 그냥 도망쳐 버렸습니다. 외국인 입장에서는 황당하기 짝이 없었겠지만 그 당시 저에겐 짧게나마 영어를 사용하는 것 자체가 너무나 신나는 일이었죠. 때문에 영어에 대한 열정을 가지고 적극적으로 다가갔던 것입니다. 지금 생각해 보면 뭐 그런 말썽꾸러기가 있었나 싶지만 학생이 된 후에도 저의 적극적인 태도는 그대로 이어졌습니다.

중학교 때는 원어민 선생님께서 몇 달간 제가 다니는 학교를 방문하여 영어 수업을 진행한 적이 있었는데요. 저에게는 그때가 너무나 신나는 시간이었습니다. 저는 원어민 선생님께 끊임없이 질문하며 수업에 적극적으로 참여했죠. 그것도 모자라 학교 도서관에 계시는 원어민 선생님께 찾아가 괜히 영어로 말을 걸어보면서 영어를 한 번이라도 더 사용해 보려고 했습니다. 그런 식으로 저는 주어진 환경들을 최대한 활용하며 일상 속에서 늘 영어를 배우려는 자세를 가지고 있었습니다. 고등학생 때에는 원어민 선생님도 학교에 안 계시고, 시험 위주로만 영어를 공부하다 보니 영어를 사용하는 것에 큰 갈증을 느꼈습니다. 저는 이 영어 갈증을 해소하기 위해 온라인상에서 외국인 펜팔 친구를 찾아 적극적으로 영어를 사용했죠.

또, 수능 시험이 끝나자마자 원어민과 함께 대화를 나눌 수 있는 언어 교류 모임에 참여하여 영어로 소통하는 연습을 계속 이어 나갔습니다. 대학교에 진학한 후로는 더욱 영어를 적극적으로 사용할 수 있게 됐습니다. 제 전공이 국제학이라서 모든 전공 강의가 영어로 진행됐는데요. 영어를 한 번이라도 더 사용하려고 팀 과제를 할 때에도 자발적으로 영어 발표를 담당했습니다. 하지만 저도 발표가 쉬워서 자발적으로 영어 발표를 하겠다고 나선 것은 아니었습니다. 당시에는 저도 영어 발표가 익숙하지 않아, 발표를 준비하는 데에 시간이 정말 오래 걸렸죠. 익숙하지 않은 영어 발표를 위해 TED 강의 동영상을 보며 원어민이 어떻게 영어로 발표를 하는지 유심히 관찰하기도 했고, 원어민 친구들에게 발표 대본을 작성하여 보여준 뒤 고칠 점을 물어보기도 했습니다. 이렇게 영어 발표를 준비하는 과정 속에서 또 영어 말하기 실력을 많이 쌓을 수 있었습니다.

하지만 그렇다고 저의 성향 자체가 원래 적극적이고 나서는 걸 좋아했던 것은 아닙니다. 사실 평소에 저는 학교에서 그냥 조용하게 지내는 학생이었습니다. 심지어 낯을 가리는 성격이기도 했습니다.

또 영어를 무척 잘해서 영어와 관련된 모든 활동에 적극적으로 나섰던 것도 아니었습니다. 영어를 완벽하게 사용하는 게 아니더라도 그냥 영어를 사용하는 게 좋았기 때문에 한 번이라도 더 영어를 사용할 기회를 적극적으로 찾았던 거죠.

주변 친구들은 제가 영어를 너무 적극적으로 사용하려고 하니, 적극적인 걸 넘어서서 나댄다고 생각하기까지 했죠. 그렇게 고등학생 시절을 지나 대학생이 되어서도 학교에서 저는 항상 영어로 튀는 학생이었습니다. 가끔은 제게 영어를 잘하지도 않는데 왜 자꾸 영어를 쓰냐고 비난하는 친구들도 있었죠. 하지만 저는 신경 쓰지 않았습니다. 제가 영어를 사용하는 걸 즐기기만 하면 되니까요. 신기하게도 저는 제가 좋아하는 영어 앞에서만 다른 사람이 되었습니다. 영어에 있어서 만큼은 부끄러움도 무릅쓰고 적극적으로 나설 수 있었던 것이죠. 이렇게 제가 오랜 시간 적극적으로 영어를 사용하면서 영어 공부를 열심히 한 결과, 영어 실력이 쑥쑥 향상되었습니다. 만약에 앞서 이야기한 것처럼 제가 학창 시절에 영어를 접할 때 적극적인 태도를 갖지 않았다면, 제 영어 실력이 절대로 지금만큼 늘지 않았겠죠. 성격과 관계없이 적어도 영어를 사용할 때에는 적극적인 태도로 나서는 게 영어 실력을 빨리 늘릴 수 있는 지름길입니다.

한 가지 더 조언을 드리자면, 영어를 말할 때 주변 사람들을 너무 의식하지 마세요. 제 주변에 영어 공부를 하는 사람들을 보면 가끔씩 느끼는 점이 하나 있습니다. 우리가 영어 공부를 할 때 너무 주변의 눈치를 본다는 것이죠. '괜히 혼자 나서서 영어를 사용했다가 주변 사람들에게 비웃음이라도 당하면 어쩌지?', '괜히 영어로 말하다가 실수라도 하면 창피하지 않을까?'라고 말이죠. 일어나지도 않은 수많은 '괜히'를 생각하며 다른 사람의 눈치를 봅니다. 하지만 그럴 필요는 전혀 없습니다. 혹시나 누군가가 내가 영어를 사용한다고 비웃는다면, 그건 내 잘못이 아니고 비웃는 사람의 잘못이겠죠. 여러분은 한국어라는 모국어 외에 다른 언어도 할 줄 아는 거니, 부끄러워 말고 당당하고 적극적으로 들이대세요.

Talk with Korean Billy

POINT

여러분이 일상 속에서 얼마나 영어에
적극적으로 대처했는지 한번 확인해 봅시다.
또는 그러하지 못했다면 소소하지만 아래의 리스트를 하나씩
정복해 나가면서 제가 느꼈던 기쁨을 여러분도 함께 느끼며
영어를 대하시면 좋을 것 같습니다.

영어 적극성 테스트

☑ Checklist

1. 외국인을 보면 먼저 인사를 하는 편이다. ☐
2. 외국인을 보면 먼저 안부를 묻는 편이다. ☐
3. 문법이나 표현이 틀리더라도 일단 말을 해 보는 편이다. ☐
4. 모르는 단어나 표현이 있으면 적극적으로 찾아보거나 물어보는 편이다. ☐
5. 외국인들을 만나기 위한 모임이나 장소를 찾아가는 편이다. ☐

6) 영어와 썸타기? '호기심'을 가지고 접근하자

영어를 배울 때, 앞서 말씀드린 적극적인 태도 못지않게 중요한 것이 있습니다. 바로 '호기심'입니다. 어린아이처럼 영어의 모든 것에 호기심을 갖고 끊임없이 질문하다 보면 영어 공부의 속도를 높여주고 추진력도 생깁니다. 아인슈타인과 같은 학자들이 어떤 것에 대한 연구를 하여 지식을 얻는 것은 보통 무언가에 대한 의문에서 시작됩니다. "왜?"라는 질문을 던지며 호기심을 갖는 것이죠. 이 호기심은 질문에 대한 해답을 찾기 위해 연구를 하게 되는 원동력이 됩니다. 영어 공부에 대한 호기심도 마찬가지입니다.

"커피 '테이크아웃'은 영어로도 테이크아웃이라고 말하나?"
"버스 탈 때 사용하는 '교통카드'를 영어로 뭐라고 하지?"

이러한 질문을 스스로 던지게 되면 갑자기 이 질문에 대한 답을 찾고자 하는 욕구가 마구 샘솟습니다. 답을 알아내지 않고는 못 배기게 되죠. 그리고 마침내 질문에 대한 답을 찾아내고 나면 이 답은 내 지식이 됩니다. 호기심으로 만들어진 질문이 영어 공부의 속도를 높여주고, 영어 공부의 동기, 나아가 영어 공부의 원동력이 되는 거죠.

저도 어렸을 때 영어에 호기심이 아주 많았습니다. 길거리를 걸어가다 표지판이나 광고판에 적혀 있는 영어 단어나 문장을 보면 이 영어가 무슨 뜻인지 궁금해서 찾아보았죠. 영어로 된 문장을 읽을 때에도 이 문장이 어떤 맥락에서 왜 이런 식으로 사용되었나 의문을 가지고 완벽하게 이해할 수 있을 때까지 읽고 또 읽었습니다. 또, 영어 문법을 공부하다 왜 영어에는 시제가 이렇게 많이 존재하는지, 영어 시제 자체에 의문을 가지며 그에 대한 답을 찾기 위해 애쓰기도 했죠. 이와 같은 일환으로, 제가 영국영어에 관심을 갖게 되고, 방송에 소개되는 유튜브 영상을 만들게 된 것도 저의 단순한 호기심에서 비롯된 것입니다. 외국 영화를 보다가 영화 캐릭터가 평소에 내가 알고 있는 영어와 다르다는 것을 알아채고 이게 왜 그런지 의문을 갖게 된 것이죠. 그에 대한 답을 찾다 보니 영국영어, 호주영어와 같은 다양한 종류의 영어를 발견하게 된 것입니다. 나아가 영국영어에 호기심을 갖고 끊임없이 질문하다보니 영국 사투리에 대한 지식까지 쌓이게 된 것입니다. 모든 것은 제 호기심에서 시작된 것이죠.

저는 친구들에게 가끔 영어를 흔히 말하는 '썸남'이나 '썸녀'로 생각해 보라고 합니다. 영어를 내가 관심을 갖고 있는 사람이라고 생각해 보는 거죠. 누군가를 좋아하고 관심을 갖게 되면 그 사람에 대해 끊임없이 질문하게 됩니다. 그 사람이 좋아하는 음식은 무엇인지, 그 사람이 그때 나에게 왜 이런 말을 했는지, 지금 어디에 있는지 말이죠. 영어를 좋아하게 되면 똑같이 영어에 대해 더 알고 싶고 탐구하고 싶어지겠죠? 물론 영어는 사람이 아니라 영어와 사귈 수는 없지만요. 어찌 됐든 영어 실력을 쌓는 것에 있어서 수많은 영어 공부법보다 중요한 것은 바로 스스로 영어에 호기심을 가지고 늘 배우려는 자세를 지니는 것입니다. 그건 다른 사람이 아니라 오직 나 스스로만 할 수 있습니다. 내가 영어에 대해 궁금한 것도 없는데 억지로 영어에 대해 알아가려고 하면 무슨 의미가 있을까요? '영어'라는 것에 관심을 갖고 호기심을 가져 보세요. 그리고 영어는 왜 이런 것인지 의문을 가져보고 질문에 대한 답을 찾아보세요. 그 질문에 대한 답이 곧 자신의 영어 지식, 그리고 영어 실력이 될 것입니다.

영어 실력 차곡차곡 쌓기

영어를 어떤 마음으로 대할 것인지, 영어를 어떻게 접할 것인지 나름대로 생각을 했다면 이제 본격적으로 영어 실력을 쌓기 위해 영어 공부를 해야겠죠? 지금부터는 제가 영어 실력을 쌓기 위해 걸어왔던 길을 떠올리며, 여러분께 '영어 실력 쌓는 법'에 대해 이야기해 보려 합니다.

1) 최대한 많이, 쉬운 것부터 듣자

"영어 공부를 하려고 하는데 일단 뭐부터 하면 되나요?"

여러분은 영어를 배우려고 할 때 뭐부터 시작하면 된다고 생각하시나요? 저는 이런 질문을 받으면 갓난아기가 처음 말을 배우기 시작했을 때를 떠올려 보라고 말하곤 합니다. 아무 말도 할 수 없는 아기가 어떻게 말을 잘할 수 있게 될까요? 먼저 부모님께서 아기에게 "엄마", "아빠"라고 말해주며 아이로 하여금 그 단어를 들을 수 있게 합니다. 아기는 부모님이 말하는 걸 듣고 흉내 내며 옹알이를 하죠. 그러다 그와 유사하게 "맘마", "빠빠"와 같은 말을 할 수 있게 됩니다. 나아가 아기는 주변에서 하는 말을 들으며 본인의 말로 흡수해 나가죠. 이렇게 생각해 보면 언어를 배우는 것의 가장 첫 단계는 듣는 것이지 않나 싶습니다. 이와 마찬가지로, 영어를 배울 때도 가장 첫 번째 단계는 '영어 듣기'입니다. 제가 어렸을 때 영어를 말할 수 있게 된 것도 영어를 끊임없이 듣기 시작한 이후였습니다. 처음부터 거창한 것을 하려고 하지 말고 일단 영어에 많이 노출되고 무엇보다 많이 듣는 것이 좋습니다. 영어라는 언어를 듣는 것에 익숙해지면서 영어를 머릿속에 차곡차곡 쌓아나가기 시작하는 거죠. 그리고 어느 정도의 듣기를 통해서 머릿속에 축적된 영어는 자연스레 입을 통해 다시 내뱉을 수 있게 됩니다.

그러면 영어는 무엇을 통해서, 어떻게 들으면 될까요? 귀로 영어를 들을 수 있는 방법은 다양합니다. 가장 좋은 방법은 아기가 부모님의 말을 듣듯이 원어민의 영어를 직접 듣는 것이겠지만, 해외로 나가지 않는 이상 이 방법을 사용하기에는 한계가 있습니다. 대신 간접적으로 원어민의 영어를 들을 수 있는 수많은 '영어 매체'를 활용하면 됩니다. 영어 교재에 수록되어 있는 원어민 음성 파일을 활용해도 좋고, 원어민이 동화책을 읽어 주는 오디오 파일을 활용해도 좋습니다. 그 외에도 영어로 된 영화나 드라마, 유튜브 영상 등 원어민이 말하는 걸 들을 수 있는 자료는 아주 많죠.

제가 어렸을 때 활용한 영어 매체는 영어 교재에 수록되어 있는 카세트테이프와 CD였습니다. 원어민 성우가 교재의 내용을 또박또박 읽어 주니 다양한 영어 문장을 정확한 발음으로 들을 수 있어 좋았죠. 또, CD, 오디오 파일처럼 오직 듣기에만 집중할 수 있는 매체를 활용하는 것도 좋았지만, 영상 매체를 함께 활용하면서 더 많은 걸 배울 수 있었습니다. 원어민이 영어로 말하는 걸 보고 들으면서 원어민이 실제로 어떠한 입모양과 표정, 손동작을 사용하는지 알 수 있기 때문에 듣기 연습은 물론 신체 언어body language까지 함께 배울 수 있었습니다.

자, 그럼 이제 어떤 영어 수준의 매체부터 접해야 할지 얘기해 보도록 하죠. 부모님이 어린 아기에게 말을 할 때 대뜸 속담이나 사자성어를 섞어서 말하거나 어려운 정치나 경제 이야기부터 말하진 않죠? 우리가 처음 영어를 접할 때도 간단하고 쉬운 말부터 듣는 것이 좋습니다. 부모님이 아기에게 신문 대신 동화책을 먼저 읽어 주듯이, 영어 학습을 할 때도 동화책에 나오는 쉬운 문장부터 듣는 게 좋죠. 따라서 처음 영어를 접하는 단계에서는 원어민이 신문을 읽어 주는 게 아닌 동화책을 읽어 주는 걸 듣거나 어린이를 위한 애니메이션을 활용하는 게 좋습니다. 다 큰 어른이 무슨 어린이용 영상을 보냐고 생각할 수도 있겠지만, 우리의 영어 수준은 언어를 처음 접하는 어린이와 같기 때문에 그 언어 수준에 맞는 자료를 활용하는 게 훨씬 효과적입니다. 저 역시 어렸을 적에 디즈니 만화영화를 정말 많이 시청했는데, 그런 어린이용 영상 매체를 활용한 것이 영어 듣는 귀를 뚫는 데에 큰 도움이 된 것 같습니다.

저 같은 경우, 본격적으로 영어 듣기 공부를 시작하면서는 〈BBC Learning English〉라는 웹사이트를 매우 유용하게 활용했습니다. 영국 BBC 방송국에서 만든 영어 교육 웹사이트인데, 영어 공부를 위한 다양한 오디오 파일들을 카테고리별로 들을 수 있고 듣기에 유용한 대본들도 접할 수 있죠. 쉬운 매체로 듣기에 익숙해진 후엔 관심 있는 주제와 관련된 영어 매체를 찾아 듣는 것도 도움이 됩니다. 요즘엔 간편하게 무료로 유튜브를 통해서 다양한 콘텐츠들을 접할 수 있습니다. 저는 평소에 영국인이 운영하는 유튜브 영상을 시청하며 영어 듣기 연습을 계속 이어 나가고 있습니다. 제가 즐겨 시청하는 유튜브 채널로는 〈Tom Scott〉과 〈Jay Foreman〉이 있는데 두 채널 모두 영국인이 등장하여 과학이나 언어와 같은 주제로 다양한 정보를 전달해 줍니다. 과학이나 언어적 지식을 쌓을 수 있을 뿐만 아니라 발음을 또박또박하게 말해 주기에 영어 듣기 자료로 활용하기에 매우 효과적입니다. 이렇게 많은 듣기 자료를 통해서 영어를 계속 듣다 보면 어느 순간 쉬운 단어나 문장은 완벽하게 들리기 시작하는데요. 이제는 들을 수 있게 된 그 문장들을 소리내어 말해 보면 됩니다. 그러다 보면 영어 공부의 다음 단계인 '영어 말하기'로 자연스레 넘어갈 수 있습니다. 일단 영어를 사용하고 싶다면 최대한 많이 영어를 들어 보세요. 이때, 중요한 것은 단순히 많이 듣는 게 아니라 영어를 제대로, 잘 듣는 것입니다.

▲ BBC Learning English 앱 다운로드

Talk with Korean Billy

POINT

여러분께 맞는 영어 듣기를 하는 것이
영어 실력을 키우는 가장 효과적인 방법입니다.
아래에 여러분들이 앞으로 어떤 레벨의 듣기를 어떻게 할 건지
여러분만의 다짐을 적어주세요.

오늘의 학습 내용			
과목	내용	학습시간	체크리스트
Listening	BBC Learning English Lesson 1 1회 듣기	20분	✓

2) 영어 문법을 알아야 유창하게 말할 수 있다

영어 공부를 할 때 가장 힘들다고 생각되는 부분이 바로 영어 문법 공부가 아닐까 싶습니다. 한국어와는 너무나 다른 문법에, 예외는 또 왜 이렇게 많은지! 문법 공부는 왠지 해도 해도 끝이 없는 것 같습니다. 그래서 영어 문법 공부를 아예 포기해 버리는 경우도 많습니다. 그리고 저에게 이렇게 물어보기도 하죠.

"영어 문법을 굳이 공부하지 않아도 영어 할 수 있지 않나요?"

물론 영어 문법을 모르는 상태에서 영어로 말을 할 수 있는 경우가 있긴 합니다. 바로 데이터를 축적해서 입력된 데이터를 사용하는 인공지능처럼 상황에 맞는 표현들과 문장들을 통째로 많이 외운 다음에, 상황에 따라 그 문장들을 그대로 사용하는 경우라면 가능합니다. 하지만 이는 반드시 한계가 있습니다. 외운 문장을 그대로 사용하는 것만 가능하고, 이 문장을 자유자재로 바꿔서 활용할 수가 없습니다.

그리고 대화가 좀 더 길어지거나 대화 난이도나 주제가 어려워지면 머릿속에 저장되어 있는 영어 문장 종류에 한계가 오고, 더 이상 영어로 대화를 할 수 없게 됩니다. 어떻게 보면 로봇처럼 기계적으로 대본을 암기한 영어만 사용할 수 있는 사람이 되는 거죠. 하지만, 영어 문법은 우리가 이러한 한계를 뛰어넘을 수 있게 만들어 줍니다. 우리가 영어 단어를 쓰기 위해서 a, b, c 같은 알파벳을 배우죠? 이런 알파벳을 모두 다 배운 다음에 영어 단어를 완성할 수 있고, 완성된 영어 단어를 이해할 수 있게 됩니다. 예를 들어, 'English'라고 하는 영어 단어를 이해하려면 이 단어를 만드는 데에 사용되는 알파벳인 E, N, G, L, I, S, H를 먼저 알아야 하고 그래야 이 알파벳을 조합하여 만든 'English'라는 단어를 이해할 수 있게 되듯이 말입니다. 영어 문법은 우리가 단순히 영어 단어 하나하나를 이해하는 데에서 좀 더 나아가, 이 영어 단어들을 조합하여 문장을 완성할 수 있게 해 줍니다. 그리고 다른 누군가가 미리 완성한 영어 문장을 이해할 수 있게 해 주죠.

즉, 영어 문법은 우리가 문장을 만들 수 있도록 도와줄 뿐만 아니라 왜 이런 구조로 만들어졌는지 이해할 수 있게 해 주고, 나아가 영어 문장을 원하는 대로 자유롭게 끊임없이 응용해서 만들 수 있도록 해 줍니다. 영어 실력을 늘리기 위해 영어 단어만 무작정 외우는 경우가 있는데요. 물론 영어 단어를 많이 알면 알수록 영어 실력이 어느 정도 쌓이는 건 맞지만, 영어 단어를 아무리 많이 알아도 이 단어를 어떻게 문장으로 조립할 수 있는지 모른다면 진정한 영어 실력이라고 할 수 없겠죠. 이걸 가능하게 해주는 게 바로 문법입니다.

저는 영어 단어와 영어 문법을 이렇게 비유하곤 합니다. 영어 단어가 수많은 레고 조각들이고 영어 문법이 다양한 레고 조립법인 거죠. 우리가 아무리 많은 종류의 레고 조각을 갖고 있어도, 이 조각들을 조립하는 법을 잘 모른다면 멋진 레고 작품을 만들 수 없겠죠? 영어 단어도 마찬가지입니다. 영어 단어를 아무리 많이 외워도 이 단어를 제대로 문장으로 만드는 법을 모른다면 아무 소용이 없는 거죠. 어려운 레고 조립법을 열심히 배우고 이해하면 멋진 레고 작품을 만들 수 있는 것처럼, 고급 영어 문법을 열심히 공부하고 나면 마침내 어렵고 긴 영어 문장도 스스로 만들 수 있을 것입니다. 그럼 또 이렇게 질문하는 분들도 있을 겁니다.

"영어 문법은 딱히 영어 회화와는 밀접한 관련이 없는 거 아닌가요?"

영어 문법을 학문적으로 다루는 것이라고 생각하기 때문에 영어 문법이 실용적인 영어, 즉, 영어 회화와는 관련이 없다고 생각하는 것이죠. 하지만 영어 문법도 영어 회화와 매우 밀접한 관련이 있습니다. 제가 앞서 이야기했듯이 영어 문법을 제대로 공부하면 영어 단어를 자유자재로 활용하여 수많은 영어 문장을 만들 수 있게 됩니다. 우리가 영어로 대화를 나눌 때에는 영어 단어로만 대화를 나누는 게 아니라 주로 문장을 통해 대화를 나눕니다.

그렇기 때문에 영어 문장을 만들 수 있게 해 주는 영어 문법을 제대로 배우면 영어 회화를 위한 문장도 자유롭게 만들 수 있게 되니, 영어 회화 실력도 자연스럽게 올라갈 수 있겠죠. 제가 생각하기에 영어 문법은 여러분이 영어를 자유롭게 사용할 수 있도록 해 주는 일종의 발판 같은 것이라고 볼 수 있습니다. 이 발판을 딛고 일어서야 비로소 여러분의 영어 실력에 날개를 달 수 있게 되는 거죠. 물론 영어 문법 공부는 지루할 때도 있습니다. 저도 가끔 영어 문법 공부가 너무 지루하여 '문법' 하면 질색을 했던 시절이 있었는데요. 하지만 그 지루함의 시간을 견디고 문법에 대해 어느 정도 통달하고 나니 마치 저의 영어 한계의 벽이 와르르 무너지고 영어의 시야가 확 트이면서 영어 실력이 한 단계 업그레이드 되었다는 느낌이 팍 들었습니다. 그 뒤로는 오히려 문법 공부를 즐기게 되었습니다. 나중에는 되레 문법 공부의 매력에 빠져서 문법 공부만 파고들던 적도 있었죠. 그러니 여러분도 포기하지 마시고 꼭 영어 문법을 공부하셔서 영어 한계의 벽을 무너뜨려 보세요!

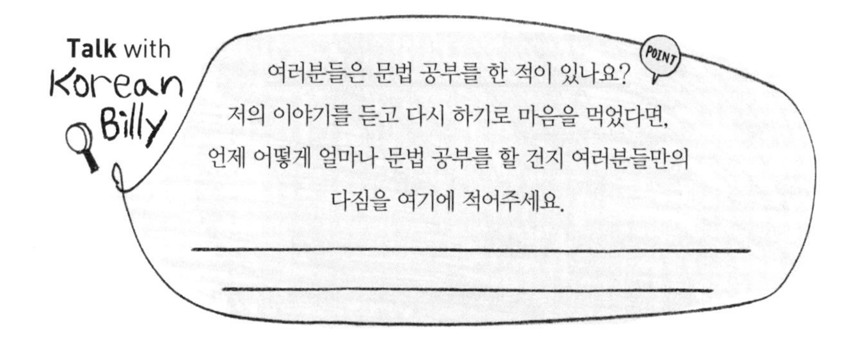

3) 영어 단어 공부, 당장 눈 앞에 보이는 물건들부터 영어로 바꿔보자

영단어 공부, 처음엔 이렇게 해보세요! 영어회화 단어 공부 꿀팁!

▼ 동영상 바로 가기

"영어 단어 뭐부터 외우면 돼요?"

자, 영어 공부에서 빠질 수 없는 것이 바로 영어 단어 공부죠. 그런데 영어 단어 공부를 어디서부터 시작해야 할지 고민하는 분들이 많습니다. 세상에 존재하는 모든 영어 단어를 ABC 순으로 무작정 외울 수도 없고 말입니다. 어렸을 적 저는 영어 단어 공부를 좀 더 열심히 해보겠다는 결심을 하자마자 곧장 서점으로 향했습니다. 서점에 가니 수많은 영단어 교재가 있었죠. 저는 제목과 표지가 가장 마음에 드는 영단어 교재를 하나 골라서 무작정 단어를 외우기 시작했습니다. 처음엔 그냥 아는 단어가 많아지는 것 같아서 신났지만, 시간이 흐를수록 영어 단어 공부에 대한 흥미를 잃고 지루해져서 저의 단어 공부는 금방 흐지부지되고 말았죠. 그렇게 한동안 영어 단어를 어떻게 효과적으로 공부해야 할지 몰라 방황하다, 이 방법을 한번 써보기로 했습니다.

바로 '내 주변 원어민화 하기'입니다. 즉, 간단하게 내 주변에 있는 것부터 모두 영어로 바꿔 나가는 방법입니다. 예를 들어, 제 방 책상에 앉아 주변을 둘러보며 눈에 들어오는 모든 것들을 영어로 바꿔 나가기 시작했죠. 영어로 쉽게 바꿔 말할 수 있는 것도 있었지만, 아주 익숙한 것임에도 불구하고 영어로 쉽게 떠오르지 않는 것들도 있었습니다.

여러분도 지금 주변을 한번 쓱 둘러보면서 보이는 것을 모두 영어로 바꿔서 포스트잇에 적어 붙여 보세요. 예를 들어, 책상에 면봉이 있다고 가정해 봅시다. 이 면봉을 영어로 어떻게 말하는지 알고 계셨나요? 면봉을 사전에 검색해보면, 'cotton swab'이라고 나옵니다. 몰랐다면, 당황하지 말고 지금 포스트잇을 꺼내서 면봉에다가 영어로 'cotton swab'이라고 쓰고 붙여보는 겁니다. 아주 간단하죠?

이렇듯 우리의 일상 속에 항상 존재하지만 영어로 바꿔서 말해보지 않았던 것이 분명 한두 개쯤은 있을 겁니다. 어쩌면 매일 사용하고 있는 물건인데 영어 단어로는 떠오르지 않아 당황스러울 수도 있죠. 이렇게 주변을 살펴보면서 본인의 환경부터 모두 영어로 바꿔보세요. 그리고 영어로 떠오르지 않는 단어들을 사전에서 찾아 단어장에 모으는 거죠. 이 방법은 우리가 일상 생활을 하면서도 지속적으로 사용할 수 있어서 굉장히 효과적입니다. 모든 것에 궁금증을 가지고 매사 학습하려는 태도를 가지게 되는 것이죠.

자, 이번에는 카페에 갔다고 가정해 봅시다. 카페에 가서 커피를 주문하려고 할 때 스스로 미리 이런 질문을 던져 보세요.

"커피 주문을 받는 '아르바이트 직원'은 영어로 뭐라고 하지?"
"커피 '테이크아웃'은 영어로도 테이크아웃이라고 말하나?"

그러고 나서 질문에 대한 해답을 스스로 찾는 거죠. '아르바이트 직원'은 'part-timer', '직원'은 'staff', 그리고 '테이크아웃'은 'take away'. 이렇게 일상 생활에서 실제로 접하는 것들에 대해 스스로 질문하고 모르는 것은 그때그때 사전을 검색해 가며 암기하다 보면 유용한 일상 표현들을 영어로 익힐 수 있게 됩니다. 또 이런 방식은 자주 사용하는 영어이다 보니 쉽게 까먹지 않을 수 있다는 크나큰 장점이 있습니다.

또 다른 예를 들어보겠습니다. 대중교통을 이용할 때는 다음과 같은 질문들을 떠올릴 수 있을 것입니다.

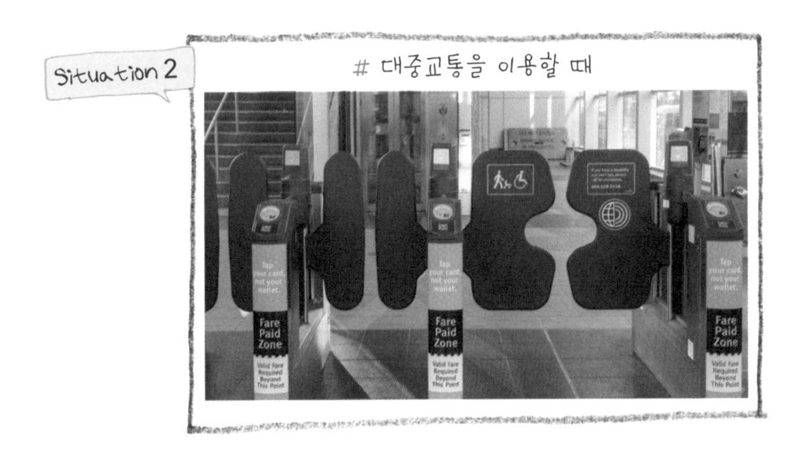

"버스 탈 때 사용하는 '교통 카드'를 영어로 뭐라고 하지?"

"대중교통을 탈 때 내는 '버스 요금'이나 '지하철 요금'은 영어로 뭐더라?"

이렇게 질문을 던진 다음, 질문 속의 '교통 카드'는 'transportation card' 혹은 'smart card'라고 하고, '버스 요금'은 'bus fare', '지하철 요금'은 'subway fare' 혹은 'underground fare'라고 한다는 걸 스스로 찾아내면서 배우는 것이죠. 이런 식으로 일상 생활 속에서 접하는 모든 것들부터 영어로 바꿔 보세요. 단 며칠만 해 봐도 모르는 단어를 수십 개, 혹은 수백 개까지 찾아낼 수 있습니다.

이 방식으로 영어 단어를 공부하면 크게 두 가지의 좋은 점이 있습니다. 첫 번째로, 내 눈에 보이는 것과 내가 경험하는 것을 영어로 배우게 되니, 본인이 배운 영어를 바로 활용할 수 있게 됩니다. 배운 것을 바로 써먹을 수 있으니 영어 실력이 높아지는 걸 바로 실감할 수 있죠. 이는 좋은 동기 부여가 될 수 있습니다. 공부의 효과를 즉각적으로 느낄 수 있으니 지속적으로 영어 공부를 해 나갈 힘이 생기는 거죠. 두 번째로, 이런 식으로 영어 단어를 외우게 되면 단어를 잘 까먹지 않습니다. 일상 생활 속에 있는 것들을 영어 단어로 익혀두면, 이후에 또 이것을 접하게 될 확률이 높기에 쉽게 잊어버리지 않습니다. 예를 들어, 버스 요금이 'bus fare'라는 것을 한 번 배웠다면, 다음에 또 버스 요금을 낼 때 자연스럽게 이 영어 단어를 떠올릴 수 있겠죠. 이렇게 되면 영어 단어를 굳이 시간 내서 복습하지 않아도 일상 속에서 자연스럽게 복습할 수 있게 됩니다. 자연스레 까먹지 않고 잘 기억할 수 있게 되죠.

영어를 사용하는 외국에 가면 완전히 다른 환경이기 때문에 한국에서 이 방법을 사용하는 게 별 의미가 없지 않냐는 질문을 받기도 하는데요. 사실 한국이나 외국이나 사람 사는 건 다 비슷합니다. 집에서 살림을 하고, 가게에 가서 물건을 사고, 식당에서 식사를 하고, 대중 교통을 이용하며 학교에 등교하거나 직장에 출근하는 등 누구나 비슷한 일상 생활을 하죠. 그렇기 때문에 한국에서 본인의 환경을 영어로 바꿔 나가는 것은 외국에서 생활할 때에도 큰 도움이 됩니다.

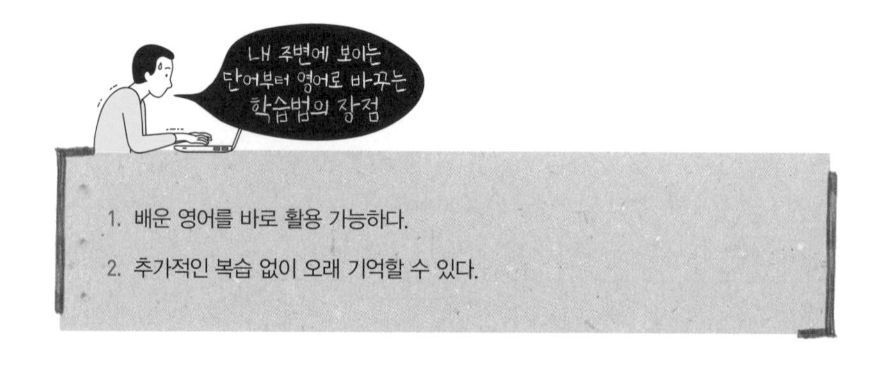

영어 단어를 무엇부터 공부해야 할지 모르겠다면 지금 당장 이 책 주변에 있는 것들을 둘러보고 차근차근 하나씩 영어로 바꿔 보세요. 이미 좀 공부하신 분들도 일상 생활을 영어로 바꿔가며 어떤 단어를 알았고 몰랐는지를 파악해 보며 본인의 영어 실력을 점검해 보세요. 이 방법은 가장 일상적인 것부터 시작하기에, 특히 영어 회화 실력을 향상시키는 데에도 많은 도움이 됩니다. 일상 생활 속에서 접하는 것에 대해 영어로 말할 수 있게 되면, 자연스럽게 영어 회화를 할 때에도 말할 수 있는 표현들이 더 많아지겠죠?

4) 나만의 단어장을 가지고 양보다 '질'로 승부하자

빌리의 영어 단어장 공개! & 영어 단어 공부 팁!

▼ 동영상 바로 가기

영어 단어는 우리 주변의 사물을 영어로 익히는 것부터 시작하는 것이 좋다고 말씀드렸습니다. 이제 영어 단어를 얼마나 많이 공부해야 하는지에 대해 이야기해 보고자 합니다. 영어 단어를 공부할 때 무조건 많이 외우며 영어 단어를 양으로 승부하는 분들이 있습니다. 하루에 영어 단어를 100개, 적어도 50개씩 외우는 것으로 목표를 세우기도 하죠. 하지만 영어 단어는 '빨리 많이' 공부하는 것보다 '천천히 제대로' 공부하는 게 더 중요합니다. 영어 단어를 오직 시험을 위해서 많이 그리고 빨리 공부하는 경우에 흔히 범할 수 있는 치명적인 오류들이 몇 가지 있습니다. 우리가 시험 공부를 위해 빨리 영어 단어를 습득할 때는 단어의 어원이나 정확한 용례를 깊게 파고드는 것이 아니라 'A라는 영어 단어의 뜻은 B.'라는 식으로 수박 겉핥기처럼 단순 암기를 하고 넘겨 버리죠. 예를 들어 'affect = 영향을 끼치다', 'afraid = 두려워하는', 이렇게 단순하고 기계적으로 뜻만 외우고 넘어가게 됩니다. 그렇기 때문에 이 단어가 정확히 어떻게 활용되는지, 이 단어의 다른 의미는 어떤 것이 있는지 깊게 배울 수가 없는 거죠. 이렇게 얕고 넓게만 영어 단어 공부를 하게 되면 공부한 단어가 등장하는 문장을 본인이 듣거나 읽을 때 눈치껏 이해할 수는 있겠지만, 이 문장을 막상 직접 활용해서 말하거나 작문을 하려고 할 때 어려움을 겪을 가능성이 큽니다. 그리고 단어 하나를 익히는 데 별로 시간을 들이지 않으니 금방 단어들을 잊어버리게 되죠.

저도 한때는 영어 단어를 외우기 위해 다양한 방법을 사용해 봤습니다. 무작정 두꺼운 교재를 사서 하루 100~200개씩 단어를 외우며 양으로만 밀어붙인 적도 있었고, 외워야 할 영어 단어를 손이 저릴 때까지 공책에 빽빽하게 쓰기도 했죠. 하지만 이렇게 여러 시행착오를 거치고 나서 저에게 가장 효과적인 영어 방법을 찾을 수 있었습니다. 바로 '나만의 단어장'을 만드는 것이죠. 단어 공부할 때 단어장을 사용하는 것은 이미 많이들 하고 있는 방법이기도 합니다. 때문에 생각보다 거창한 방식은 아니라고 느껴질 수도 있습니다. 하지만 제가 말하는 '나만의 단어장 만들기'는 오답 노트 정리하듯이 마구마구 외우는 것이 아닙니다. 그건 빽빽이 쓰는 공부 방법과 다를 바가 없죠. 앞서 언급했던 것처럼 주위에 있는 것들부터 영어로 바꿔 나가자는 연습의 일환으로 생각하면 이해가 조금 쉬울 겁니다. 제가 말씀드리는 나만의 단어장 만들기의 핵심은 '카테고리'와 '영영사전'을 이용한 단어 정리법입니다. 저는 일상 생활 속에서 영어로 궁금한 것이 떠오르거나 영자 신문을 읽다가 모르는 영어 단어를 발견하면 귀찮다고 절대 그냥 넘어가지 않고 이 모르는 단어들만 따로 모아서 단어장을 만들었습니다. 이때 무작정 모르는 단어를 쭉 나열하여 적어 두는 게 아닙니다.

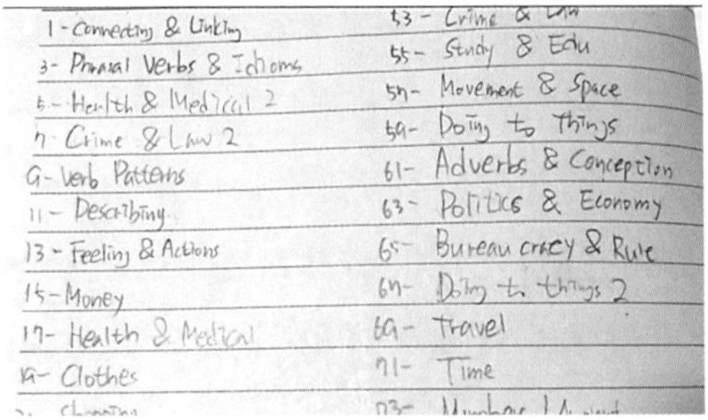

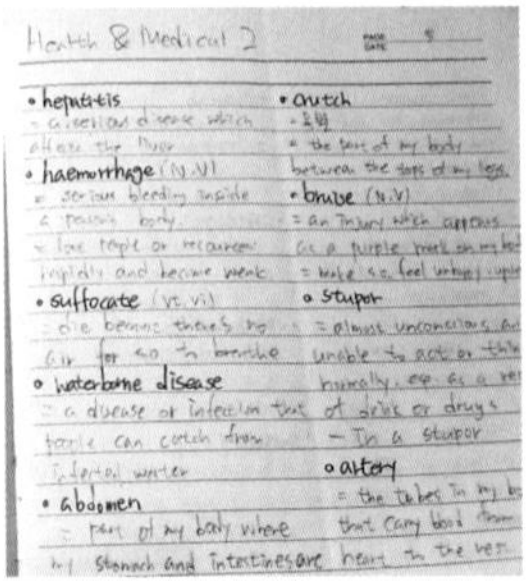

▲ 코리안빌리가 직접 만든 카테고리별 영어 단어장의 내용

일단 첫 번째로는 단어장에 여러 '카테고리'를 나누어 각 카테고리에 맞는 페이지에 영어 단어를 채워 넣었습니다. 예를 들어, 공부를 하다가 모르는 단어인 'crutch'라는 단어를 발견했는데, 이 단어의 의미가 '목발'이었습니다. 그래서 이 단어는 '건강&의료'라는 카테고리를 만든 다음, 이 단어장 카테고리에 적어 넣었죠. 또, 'lead'라는 단어를 발견했던 적이 있습니다. 이 단어는 원래 '이끌다'라는 뜻으로만 알고 있었는데, 원래 알고 있는 뜻과 다른 용도로 쓰인 것 같아 의미를 찾아보니 '연필심'이라는 뜻도 있다는 사실을 알게 되었습니다. 그래서 이 단어는 '공부&교육' 카테고리에 적어 넣었습니다. 이런 식으로 새로운 주제의 단어가 등장할 때마다 카테고리를 만들어 단어장을 만들다 보니, 금세 50가지가 넘는 카테고리가 만들어졌습니다. 카테고리를 만들어 나가다 보면 나중에는 이미 만든 카테고리에 해당되는 단어를 발견하기 때문에 카테고리를 새로 만들지 않고 단어장을 채워 나갈 수 있었죠. 사실, 카테고리를 만들어서 단어를 분류한 이유는 순전히 나중에 단어장을 다시 볼 때 편하게 찾아보기 위함이었습니다. 그런데 이렇게 비슷한 종류의 단어를 모아 공부하다 보니 각 단어를 유기적으로 이해하는 데 큰 도움이 되었고 관련된 단어가 더 기억에 잘 남았습니다.

나만의 단어장을 만들 때 그 다음으로 신경 쓴 점은 '영영 사전'을 이용하여 단어의 의미를 정리한 것입니다. 영한 사전을 이용하면 단어를 빨리 해석할 수 있기 때문에 시간을 아낄 수 있지만 저는 영한 사전을 이용하지 않고 영영 사전을 이용하여 영어 단어 공부를 했습니다. 요즘엔 두꺼운 사전을 서점에서 살 필요 없이, 영영 사전 웹사이트에 접속하기만 하면 영영 사전을 이용할 수 있는데요. 〈Cambridge English Dictionary〉나 〈Oxford English Dictionary〉 웹사이트를 방문하면 양질의 영영 사전을 무료로 이용할 수 있습니다. 영영 사전은 말 그대로 영어로 된 모든 단어를 한국어가 아닌 영어로 쉽게 풀어 설명하여 각 단어의 의미를 알려주는데요. 이 영영 사전으로 영단어를 공부하면 자세한 영어 풀이를 보면서 그 단어에 대해 좀 더 깊게 생각해 볼 수 있게 됩니다. 그리고 영어 단어를 간단하게 한국어로 설명하는 영한 사전보다, 영어 단어를 같은 언어로 설명해 주는 영영 사전이 더 자세하고 정확한 경우가 많습니다. 예를 들어, 영한 사전을 이용하여 'see'와 'look'이라는 영어 단어의 뜻을 보면 두 단어 모두 '보다'라는 뜻이라는 걸 알 수 있습니다.

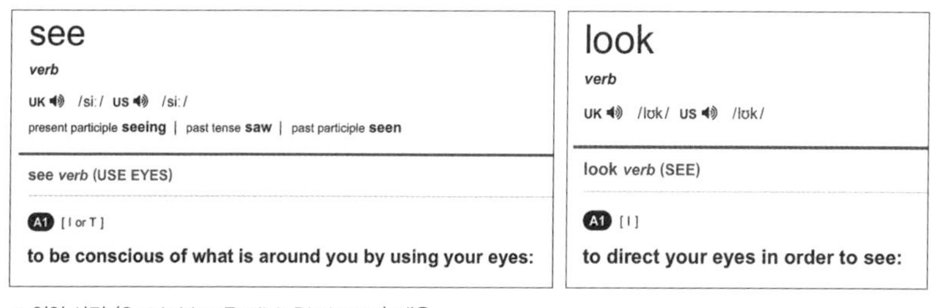

▲ 영영 사전 〈Cambridge English Dictionary〉 내용

그런데 위와 같이 영영 사전에 풀이된 내용을 보면 'see'는 '내 눈을 사용하여 내 주변에 있는 것을 의식하다'라고 풀이하고 있고, 'look'은 '무언가를 보기 위해 내 눈을 특정 방향으로 향하게 하다'라고 풀이하고 있습니다.

영한 사전만 사용하여 두 단어를 단순히 '보다'라고만 암기한다면 단어 각각의 정확한 뉘앙스를 알 수 없지만, 영영 사전을 함께 사용하면 각 영어 단어가 어떤 뉘앙스를 가지고 있는지도 함께 자세히 알 수 있습니다. 그렇기 때문에 영영 사전의 해석을 보는 게 좀 더 제대로 영어 단어를 공부할 수 있는 방법이 될 수 있겠죠.

물론 영어 공부를 이제 막 시작한 단계라면 영영 사전을 통해 영어 공부를 하는 게 부담스럽고 어려울 수 있지만, 영어 실력을 어느 정도 쌓은 뒤에는 꼭 영영 사전을 사용해 보라고 추천하고 싶습니다. 보통 영영 사전에 영어만 있기 때문에 사용을 꺼려하는 분들도 있는데요. 영영 사전의 목적은 영어 단어의 의미를 잘 모르는 사람을 위해 영어로 쉽게 설명해 주는 것이기 때문에, 비교적 쉬운 영어로 설명이 이루어져 있습니다. 그러므로 지레 겁먹지 말고 영영 사전을 한번 사용해 보세요. 또, 영영 사전을 사용하면 괜히 시간만 오래 걸리는 게 아니냐고 생각하는 분들도 있습니다. 하지만, 오히려 시간이 많이 걸리는 게 영어 단어 공부에는 장점일 수 있습니다. 단어 하나하나에 시간을 들여 각 단어를 곱씹어 봐야 비로소 제대로 공부할 수 있기 때문이죠.

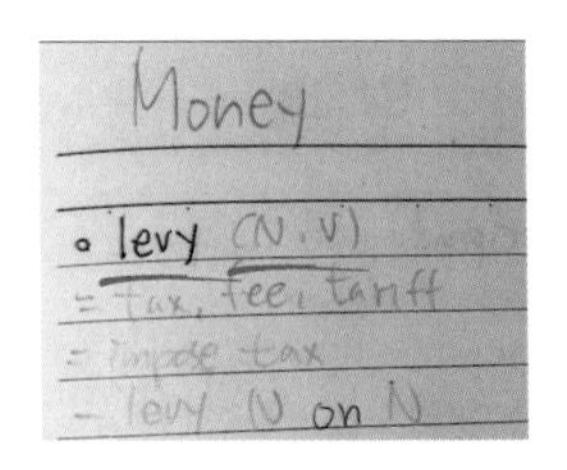

이때, 중요한 것은 영영 사전을 활용하여 나만의 단어장을 만들 때 단순히 영어 단어의 뜻만 적는 게 아니고, 그 영어의 '활용법'까지 함께 적는 것입니다. 예를 들어, 'levy'라는 단어는 명사와 동사 두 가지 용도로 모두 사용될 수 있기 때문에 명사와 동사를 뜻하는 영어 단어 'Noun'과 'Verb'의 앞글자인 N과 V를 함께 적어서 잊지 않고 기억할

수 있도록 하였습니다. 또, 영어 단어는 특정한 전치사와 함께 사용되는 경우가 많기 때문에 단어 'levy'에는 전치사 'on'이 사용된다고 빨간색으로 적고, 앞과 뒤에 모두 명사를 넣어주기 때문에 'on' 전후로 N도 함께 적어 넣는 것이죠.

또 'disembark'라는 단어의 경우에는 전치사 'from'을 사용하기 때문에 빨간색으로 함께 적어주고, 이 단어와 반대의 의미를 갖고 있는 단어인 'embark'도 전치사 'on'과 함께 적어주었습니다. 이와 같이 각 영어 단어가 문장 안에서 어떤 역할을 하고, 어떤 위치에서 사용되는지, 이 단어를 사용할 때에는 어떤 전치사를 사용해야 하는지, 이 단어는 영국에서만 주로 사용하는 단어인지 등 영어 단어에 대해 놓치면 안 되는 다양한 정보를 함께 적어 넣습니다.

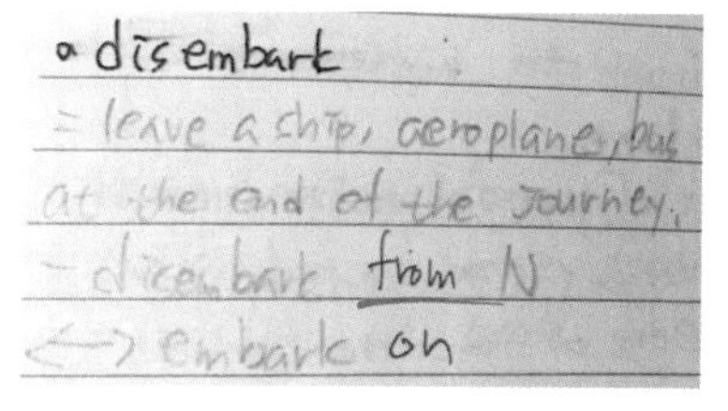

또, 철자로 보이는 것과 다르게 발음이 되어 발음을 혼동하기 쉬운 영어 단어의 경우에는 단어장에 발음 기호를 함께 적기도 했습니다. 앞서 등장했던 '연필심'을 뜻하는 단어 'lead'는 발음 차이도 함께 기억해야 했는데요. '이끌다'라는 의미로 사용될 때에는 [리-드]와 같이 발음되지만, '연필심'이라는 의미로 사용될 때에는 발음이 [레드]로 바뀝니다. 이럴 땐 단어장에 영어 단어의 발음도 함께 적고, 기억하기 쉽게 그림으로 그려서 설명을 채워 넣기도 했습니다.

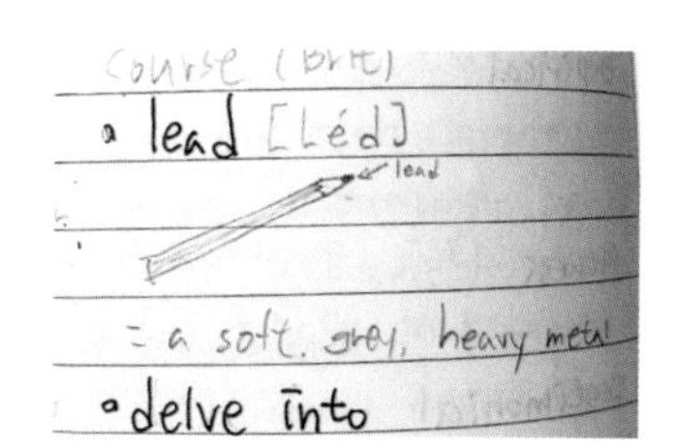

나만의 단어장을 채워 나가는 과정을 단계별로 다시 정리하자면 이렇습니다.

1. 모르는 단어의 뜻을 영영 사전을 이용하여 이해한다.
   - ⋯▸ 단어의 뜻이 정확하게 이해되지 않는다면 다른 영영 사전의 뜻 풀이를 살펴본다. 그래도 이해가 힘들다면 영한 사전을 이용한다.
   - ⋯▸ 단어의 뜻이 이해가 되었다면 단어장에 단어와 영영 사전 뜻 풀이를 적는다.
2. 단어의 품사가 어떻게 되는지 살펴보고, 혹시 하나의 단어가 여러 가지 품사로 사용되는지, 그렇다면 각 품사별로 단어의 뜻이 어떻게 달라지는지 적는다.
3. 단어가 보이는 것과 좀 다르게 발음되거나, 의미에 따라 발음이 달라진다면 단어의 발음 기호를 함께 적는다.
4. 단어가 특정 전치사와 함께 사용되는지, 혹은 전치사 없이 사용되는지 살펴보고, 특정 전치사와 함께 사용되는 단어라면 해당 전치사를 빨간색으로 적는다.
5. 영영 사전에서 단어가 미국영어 혹은 영국영어에서 주로 사용되는 단어라고 설명한다면 그 내용도 함께 적는다.
6. 영영 사전에서 이 단어가 문어체로 주로 쓰이거나 구어체로 쓰인다고 설명되었다면 문어체는 'formal', 구어체는 'informal'과 같이 적는다.
7. 단어를 그림으로 설명하는 게 더 이해하기 쉽다면 단어장에 그림을 그린다.
8. 단어와 똑같은 의미를 가진 다른 단어, 혹은 반대의 의미를 가진 단어 중에 알아두면 좋을 단어가 있다면 함께 적는다.

위와 같이 단어 하나하나에 오랜 시간을 들여 깊게 쓰며 내가 알게 된 내용을 각 단어장에 각각 채워 넣는데요. 어떻게 보면 나만의 영어 단어 백과사전을 만든 셈이죠. 이렇게까지 영영 사전을 활용하여 영어 단어 공부를 해야 하는 이유는 단순히 단어의 뜻을 알고 있다고 해서 단어를 바로 활용할 수 있는 게 아니기 때문입니다. 뜻과 더불어 단어를 활용하는 방법도 함께 알아야 비로소 언제 어디서든 바로 사용할 수 있게 되는 거죠. 그렇기 때문에 영어 단어장을 만들며 영어 단어 공부를 할 때 각 단어의 활용 방법도 꼭 함께 공부해야 합니다.

물론 이렇게 열심히 공들여 단어장을 만들기 위해서는 꽤 오랜 시간이 걸립니다. 저는 단어장을 정리한다고 하루 종일 단어장만 빼곡히 채운 적도 있었습니다. 남들이 하루에 100개, 500개를 외울 때 저는 자리에 앉아서 단어장만 만든 것이지요. 처음에는 남들에 비해 단어에만 투자하는 시간이 많아서 뒤쳐지는 듯 불안감에 휩싸일 수도 있지만 원래 영어 단어는 생각보다 시간을 많이 들여서 공부해야 합니다. 뭔가를 외우는 건 순식간에 금방 되는 게 아니죠. 영어 단어의 사용법까지 함께 이해하기 위해서는 시간을 많이 들여 공부하는 게 어찌 보면 당연하다고 할 수 있습니다. 또, 처음에 시간을 들이더라도 이렇게 차곡차곡 다져진 영어 실력은 영어 단어 뜻만 단순히 외운 사람들과는 비교할 수 없이 높이 성장할 수 있습니다. 물론 사람마다 자신에게 맞는 단어장 작성 방법은 다를 수 있습니다. 하지만 어떤 방법을 사용하든 한 가지만은 확실합니다. 영어 단어 공부는 양보다 '질'이 중요하다는 것이죠.

5) 발음 기호를 알아야 영어를 제대로 사용할 수 있다

영어 발음 기호도 모르면서 영어 발음 공부 하시나요?

▼ 동영상 바로 가기

혹시 여러분께서는 [bʊk]을 정확하게 읽으실 수 있나요? 이건 바로 여러분께서 읽고 계시는 책을 뜻하는 영어 단어 'book'의 발음 기호입니다. [bʊk]을 읽을 줄 안다면 발음 기호를 알고 있다는 것이고, 이게 무엇인지 모르겠다면 발음 기호 읽는 법을 모른다는 뜻입니다. 영어 발음 연습을 열심히 하는 분들 중에서 이 발음 기호를 모르는 채로 영어 발음을 공부하는 분들을 종종 보게 됩니다. 그런데 영어 발음 공부를 제대로 하려면 꼭 발음 기호를 먼저 공부해야 합니다. 우리가 영어를 처음 배울 때 먼저 영어 알파벳을 배우죠? a, b, c와 같은 영어 알파벳은 영어의 '읽기'와 '쓰기'를 위해 반드시 익혀야 하는 첫 단계입니다. 그렇다면 영어의 '듣기'와 '말하기'를 위해 꼭 알아야 하는 게 무엇일까요? 바로 영어 발음 기호입니다. 다르게 이야기하자면 발음 기호란 영어 발음을 위한 알파벳이라고 볼 수 있습니다. 영어 발음 기호가 별로 중요하지 않다고 생각해서 이걸 공부하지 않는 분들이 있는데요. 영어 발음 기호를 모르는 채로 계속 영어 공부를 하게 되면 단어 하나하나의 정확한 발음을 파악하지 못한 채 그냥 대충 넘어가는 경우가 생깁니다. 그렇게 되면 눈으로 읽을 때에는 알 수 있었던 영어 단어도 귀로 들을 때에는 이해할 수 없게 되는 일이 생기죠. 발음 기호를 통해 정확한 발음을 파악하지 못하면 듣고 말할 때 이 단어를 사용할 수 없게 될 수도 있는 것입니다. 물론 발음 기호를 보지 않고 원어민이 발음하는 소리를 들어가며 공부할 수도 있지만, 모든 단어를 원어민의 발음으로 매번 들으면서 학습하는 데는 한계가 있고, 발음 기호를 통해 정확한 발음을 파악하는 게 아니라 단순히 귀에 들리는 대로 영어 발음을 파악하기 때문에 발음 공부가 정확히 되지 않을 수도 있죠.

발음 기호를 공부해야 하는 이유는 크게 네 가지입니다. 첫 번째로는 영어 단어의 발음이 철자로 보이는 것과 차이가 있을 때 정확한 발음을 파악할 수 있게 해 주기 때문입니다. 예를 들어, '상추'를 뜻하는 영어 단어인 'lettuce'를 어떻게 발음할까요? 보통은 단어의 철자대로 발음하기 때문에 우리말로 [레투스]와 비슷하게 발음될 거라 생각합니다. 하지만 이 단어의 발음 기호를 살펴보면 [ˈletɪs]인데요.

★

let·tuce

발음 미국·영국 [ˈletɪs] 미국식 [ˈletɪs] 영국식

발음 기호대로 정확하게 발음하면 우리말로 [레티스]와 비슷한 발음이 됩니다. 'lettuce'라는 철자만 보면 단어의 중간에 u가 보이기 때문에 [우]와 비슷한 발음이 들어가는 것 같지만 보이는 것과는 완전히 다르게 [이]와

비슷한 발음을 사용하여 발음하는 것이죠. 만약 이 단어를 계속 잘못된 발음으로 사용한다면 원어민이 [레티스]와 비슷한 말을 했을 때 상추에 대해 이야기하는지 모를 수도 있는 거죠. 발음 기호는 이런 상황이 생기지 않게, 철자와 다르게 발음되는 단어의 정확한 발음을 파악할 수 있게 해 줍니다.

발음 기호를 공부해야 하는 두 번째 이유는 철자가 똑같지만 발음에 따라 의미가 다른 단어를 파악할 수 있게 해주기 때문입니다. 예를 들어, 'live'라는 영어 단어가 있습니다. 우리는 보통 이 단어를 '살다'라는 뜻으로 알고 있죠? 사전에서 이 단어의 발음 기호를 살펴보면 [lɪv]인 것을 알 수 있습니다. 우리말로 [리브]와 비슷한 발음이죠. 하지만 사전을 좀 더 자세히 살펴보면 [laɪv]라는 발음 기호도 찾아볼 수 있습니다. 이 발음 기호는 우리말로 [라이브]와 비슷한 발음이 됩니다. 이렇게 발음할 때에는 '살다'라는 뜻이 아니라 '생방송의'라는 뜻으로 바뀌게 되죠. 똑같은 단어이지만 단어의 의미에 따라 단어의 발음이 달라지고, 심지어 의미와 발음에 따라 단어의 품사도 바뀌게 됩니다. [리브]로 발음하면 동사, [라이브]로 발음하면 형용사가 되는 거죠. 그래서 발음 기호를 알면 단어의 발음에 따라 쓰임새가 달라진다는 걸 알 수 있게 되는 거죠.

세 번째로 발음 기호를 공부해야 하는 이유는 같은 영어 단어라도 나라별로 다르게 발음하는 경우, 이를 구분할 수 있게 해 주기 때문입니다. 이건 특히 미국영어와 영국영어를 구분하여 공부한 저 같은 경우에 해당합니다. 예를 들어, '사생활'을 뜻하는 영어 단어인 'privacy'가 있습니다. 사전에서 이 단어를 찾아보면 보통 두 가지의 발음 기호를 볼 수 있는데요. 미국식 발음과 영국식 발음에 해당하는 것으로, 미국식 발음 기호는 [ˈpraɪvəsi], 영국식 발음 기호는 [ˈprɪvəsi]라고 적혀 있습니다. 이걸 보면 같은 단어이지만 어느 나라 영어를 사용하느냐에 따라 단어의 발음이 달라진다는 걸 알 수 있죠. 그래서 미국 사람들이 '사생활'을 영어로 말할 때에는 우리말로 [프라이버시]와 비슷한 발음을 하지만, 영국 사람들은 [프리버시]와 비슷하게 발음한다는 것을 알 수 있습니다. 이 단어를 처음 공부할 때 발음 기호를 확인하지 않고 미국식 발음 한 가지만 공부한다면 혹시나 누군가 영국식으로 이 단어를 발음할 때 못 알아들을 수도 있겠죠.

발음 기호를 공부해야 하는 마지막 이유는 발음 기호가 단순히 발음에 대한 정보만을 담고 있는 것이 아니라 단어의 강세와 장단음에 대한 정보도 함께 알려주기 때문입니다. 발음 기호를 살펴보면 발음하는 방법 뿐만 아니라 이 단어의 어느 부분에서 강세를 줘야 하는지, 그리고 어떤 음을 길게 소리 내야 하는지 알려주는 경우도 있습니다. 물론 원어민처럼 발음 기호대로 완벽하게 강세와 장단음을 살려서 말하지 않아도 영어로 소통이 가능하긴 하지만, 가끔씩 영어 강세나 장단음에 따라 말의 의미가 달라지는 경우도 있습니다. 예를 들어, 영어 단어 'project'를 살펴보면 강세에 따라 단어의 뜻과 품사까지 완전히 달라집니다. 우리는 보통 [프로젝트]와 비슷한 발음으로 이 단어를 발음하는데요. 만약 이 발음의 강세를 [프로] 부분인 앞에 주게 되면 '기획'이라는 뜻을 가진 명사로 사용하는 것이고, [젝트] 부분인 뒤에 강세를 주게 되면 '투영하다'라는 뜻을 가진 동사로 사용하게 되는 것입니다.

▲ project(명사, 동사) 음원 듣기

장단음에 따라 말하는 단어가 바뀌는 경우도 있습니다. 앞서 예시로 들었던 'live'는 우리말로 [리브]와 비슷하게 발음한다고 했죠? 그런데 실수로 [리브]가 아닌 [리~~브]와 같이 길게 발음하게 되면 상대방이 아예 다른 단어로 이해하게 됩니다. 바로 'leave'라는 단어로 말이죠. '떠나다'라는 뜻을 가진 이 단어가 바로 [리~~브] 처럼 [리]가 장음인 발음이기 때문입니다. 따라서 소리가 길거나 짧아짐에 따라 말하는 단어가 완전히 바뀌기 때문에 발음 기호를 통해 각 단어의 장단음을 구분할 필요가 있는 것이죠.

▲ live 음원 듣기

▲ leave 음원 듣기

발음 기호를 제대로 공부하지 않고 계속 발음 공부를 하다 보면 새로운 단어의 발음을 공부할 때 발음 기호를 살펴보지 않아 잘못된 발음으로 계속 단어를 사용하게 되는 상황이 생길 수 있습니다. 오랜 시간 동안 잘못된 발음으로 단어를 사용하면 나중에는 이것이 습관처럼 굳어져서 다시 고치기 힘들 수도 있습니다.

그렇다면 이렇게 중요한 발음 기호는 어떻게 공부하면 되는 걸까요? 발음 기호는 딱 한 가지 종류가 있는 게 아니지만 가장 흔히 사용하는 발음 기호로는 '국제 음성 기호International Phonetic Alphabet'가 있습니다. 이 기호가 보통 우리가 사전에서 흔히 볼 수 있는 발음 기호인데요. 발음 교재나 인터넷 상에서 이 발음 기호를 정리한 표를 찾아서 하나씩 기호를 배워나가면 됩니다. 저같은 경우에는 발음 기호표를 달달 외우진 않았습니다. 단어 공부를 하면서 모르는 발음 기호를 발견했을 때 발음 기호표를 이용하여 이 발음 기호를 해석해 가며 하나하나 천천히 배워 나갔죠. 여러분도 발음 기호에 너무 크게 부담 갖지 말고 알파벳 배우듯이 편한 마음으로 천천히 배워 나가면 좋을 것 같습니다.

번호	발음기호	소리	번호	발음기호	소리
1	[a]	아	26	[k]	ㅋ
2	[e]	에	27	[g]	ㄱ
3	[æ]	애	28	[f]	ㅍ
4	[i]	이	29	[v]	ㅂ
5	[ɔ]	오	30	[θ]	ㅆ
6	[u]	우	31	[ð]	ㄷ
7	[ə]	어	32	[s]	ㅅ
8	[ʌ]	어	33	[z]	ㅈ
9	[a:]	아-	34	[ʃ]	쉬
10	[i:]	이-	35	[ʒ]	쥐
11	[ɔ:]	오-	36	[tʃ]	취
12	[u:]	우-	37	[ʤ]	쥐
13	[ə:]	어-	38	[h]	ㅎ
14	[ai]	아이	39	[r]	ㄹ
15	[ei]	에이	40	[m]	ㅁ
16	[au]	아우	41	[n]	ㄴ
17	[ɔi]	오이	42	[ŋ]	ㅇ
18	[ou]	오우	43	[l]	ㄹ
19	[iər]	이어	44	[j]	이
20	[ɛər]	에어	45	[w]	우
21	[uər]	우어	46	[wa]	와
22	[p]	ㅍ	47	[wɔ]	워
23	[b]	ㅂ	48	[ju]	유
24	[t]	ㅌ	49	[ʤa]	주ㅏ
25	[d]	ㄷ	50	[tʃa]	추ㅏ

▲ 국제 음성 기호(International Phonetic Alphabet)

국제 음성 기호표를 참고하여 발음 기호를 공부해 보세요. 이때 중요한 건 한글로 쓰여 있는 발음으로만 영어 발음 연습을 하는 게 아니라, 원어민 발음을 들으며 최대한 원어민 발음에 가깝게 발음 연습을 하는 것입니다. 한글로 적어 놓은 발음은 영어 발음에 최대한 가까운 발음을 적어 놓은 것일 뿐, 100% 정확한 발음이 아닙니다. 꼭 원어민의 본래 영어 발음에 가깝게 연습해 보세요.

1. 정확한 발음 가능
2. 철자는 같지만 발음에 따라 의미가 다른 단어 파악 가능
3. 같은 단어라도 나라별로 다르게 발음하는 경우 서로 구분 가능

6) 직접 말해 보지 않으면 절대 늘지 않는다

열심히 영어 공부를 하던 학생 시절, 저는 주변에 있는 많은 사람들에게 영어 말하기 공부 방법에 대해 묻곤 했습니다. 많은 사람에게 다양한 답변을 들을 수 있었지만 모두 공통적으로 하는 말이 있었죠. 바로 “Talk a lot!”, “말을 많이 하세요!”라는 것이었습니다. 하지만 가끔 이런 의문을 가지곤 합니다.

“초, 중, 고등학교를 다니면서 10년 가량 학교에서 영어 공부를 하는데, 왜 원어민 앞에만 서면 입을 떼지 못하는 걸까?”라고요.

초등학교에서 영어 공부를 할 때는 나름 영어 회화 위주로 공부하기 때문에 영어로 말하는 연습을 할 때도 있지만, 중학교와 고등학교에서 영어를 공부할 때는 학기마다 영어 단어 시험과 영어 듣기 평가를 하며 주로 시험을 위한 영어 공부를 하죠. 그리고 중간고사와 기말고사, 대학수학능력시험에서는 영어 문법 실력과 영어 독해 능력 등을 평가받죠. 이 시기에 하는 영어 공부는 시험 점수를 잘 받기 위한 공부이기 때문에 주로 영어 듣기와 영어 읽기 공부에만 집중하게 됩니다. 그렇다 보니 10년이라는 긴 세월 동안 영어를 접하면서도 영어 말하기 공부를 하는 시간은 절대적으로 부족할 수밖에 없죠. 영어를 귀로 듣고 눈으로 읽긴 하지만 영어를 말하기 위한 입을 꾹 다문 채로 10년 가량의 시간을 보냈기에 결과적으로 영어 말하기 실력 또한 부족해질 수밖에 없습니다. 영어를 많이 듣고 읽는다고 해서 저절로 말하기 실력이 느는 건 아니니까요.

저는 영어 말하기 실력을 쌓는 게 피아노 치는 법을 배우는 것과 비슷하다고 생각합니다. 피아노 치는 법을 책으로 읽고 머리로 이해한다고 해서 저절로 굳어 있던 손가락이 풀리고 갑자기 피아노를 칠 수 있게 되진 않죠? 피아노를 잘 치기 위해서는 끊임없이 피아노 건반을 눌러가며 피아노 치는 연습을 직접 몸으로 해야 합니다. 건반을 잘못 누르는 실수를 거듭하며 굳어 있던 손가락을 풀어 나가고, 내 몸이 피아노를 치는 것에 익숙해지도록 한 뒤에야 비로소 피아노를 칠 수 있게 되죠. 영어 말하기 공부도 비슷합니다.

영어 문법과 영어 단어 지식을 아무리 머릿속에 많이 쌓아도 말하는 연습을 하지 않으면 유창하게 영어로 말할 수 없습니다. 영어 말하기 실력을 쌓기 위해서는 직접 입을 움직이며 영어로 계속 말해야 합니다. 우리말과는 전혀 다른 영어 발음을 소리내 보고 영어 문장을 말하는 연습을 끊임없이 해야 비로소 입이 트이며 자연스럽게 영어로 말할 수 있게 되는 거죠. 피아노 치는 연습은 때때로 지루하기도 합니다. 하지만 연습을 반복하며 그 지루한 시간을 버텨내고 나면 나중엔 손가락이 저절로 움직일 정도로 피아노를 쉽게 칠 수 있게 되죠. 그리고 한 번 피아노 치는 법을 배우고 나면, 시간이 지난 후에도 다시 피아노를 비교적 쉽게 칠 수 있게 됩니다. 우리 몸이 기억한 것을 쉽게 잊어버리지 않는 거죠. 영어도 마찬가지입니다. 지루하고 어려운 영어 말하기 연습을 해내고 나면 영어 입이 트이게 되고, 한 번 영어 말하기에 익숙해지면 내가 힘을 들이지 않아도 저절로 영어 문장이 입 밖으로 튀어나오게 되죠. 그리고 나중엔 몸에 밴 습관처럼 영어 말하기 실력이 오랫동안 유지됩니다. 이렇듯 영어 말하기는 습관을 만들 듯이, 끊임없이 입을 떼며 연습해야 실력이 쌓이는 거죠.

그렇다면 영어 말하기 연습을 어떻게 하면 될까요? 물론 가장 좋은 방법은 영어 원어민과 직접 말하기 연습을 하는 것이지만 영어 원어민을 매일 만나서 공부하기란 현실적으로 쉬운 일이 아니죠. 저 같은 경우에는 원어민과의 간접적인 만남을 통해 영어 말하기 연습을 했습니다. 즉 원어민이 등장하는 수많은 매체를 활용한 것이죠. 사실 영어 말하기 공부 자료는 영어 듣기 공부 자료와 거의 똑같습니다. 저는 외국 영화나 드라마를 시청하며 원어민이 말하는 걸 유심히 들었죠. 혹은 원어민이 진행하는 팟캐스트를 듣거나, 어느 정도 영어 듣기가 익숙해진 후에는 BBC 라디오를 듣기도 했습니다. 하지만 이렇게 매체를 활용할 때에는 원어민과 대화를 주고받을 수 없기 때문에 저는 원어민이 하는 말을 성대모사하듯이 흉내 내면서 말하기 연습을 했습니다. 영화 속에 등장하는 주인공의 대사를 귀 기울여 들은 다음, 내가 그 주인공이라고 생각하며 최대한 그가 말하는 것처럼 똑같이 흉내 내며 말하기 연습을 했죠. 원어민과 대화를 많이 나누는 게 가장 좋긴 하지만, 일단 말하기 연습의 핵심은 혼자서든 둘이서든 영어로 많이 말하는 것입니다.

성대모사하듯이 말하기 연습을 하면 좋은 점은, 영어를 원어민처럼 좀 더 생동감 있게 말할 수 있게 된다는 점입니다. 말하기를 단순히 로봇처럼 내뱉는 방식으로 공부하는 게 아니라 표정이나 손짓, 어조나 말투까지 함께 연습하게 되죠. 그래서 영어로 말할 때 좀 더 생동감 있게, 감정을 담아서 말할 수 있게 됩니다. 이렇게 저는 영어로 말할 상대가 없을 때 매체를 활용하기도 했지만 마땅한 영어 매체가 없을 때에는 혼잣말을 하며 영어 말하기 연습을 했습니다. 원어민이 자신의 생각을 혼잣말로 내뱉듯이, 저도 당장 생각나는 것들을 모두 혼자서 말해보곤 했죠. 때로는 이번 주말에 무엇을 할 것인지 저 스스로에게 물어보고, 혼자서 그 질문에 답변해 보기도 했습니다.

다른 사람들이 보기에는 이상하다고 생각할 수도 있지만, 외국이 아닌 한국에서 스스로 말하기 실력을 늘리기 위해서 이 정도는 노력해야 했었죠.

영어 말하기 연습을 어느 정도 해 보았다면 본인이 말하는 걸 직접 녹음하거나 영상을 촬영해 보는 것도 좋습니다. 왜냐하면 자신이 영어로 말하고 있을 때에는 본인이 어떤 실수를 하는지 모를 수도 있는데, 녹음된 파일을 들어보거나 영상을 보면 제3자의 입장에서 객관적으로 살펴볼 수 있기 때문에 내 영어 말하기 실력을 제대로 평가해 볼 수 있죠. 혹은 영어를 잘하는 친구나 원어민들에게 녹음 파일이나 영상을 보내서 자신의 영어 말하기에 대한 평가를 부탁해 볼 수도 있습니다. 처음에는 녹음하거나 영상을 찍는 게 부끄러울 수 있지만, 이런 셀프 평가 방법에 익숙해지면 영어 말하기 공부에 아주 큰 도움이 되죠.

영어 말하기 공부는 영어 듣기 공부와 밀접한 연관이 있습니다. 제가 앞서 영어 공부의 첫 번째 단계는 영어 듣기 공부라고 이야기했었죠? 그리고 영어 발음 공부를 하기 위해서는 영어 발음 기호도 꼭 공부해야 한다고도 이야기했습니다. 앞서 등장한 영어 듣기 공부와 영어 발음 기호 공부, 그리고 이번에 이야기하는 영어 말하기 공부가 사실 모두 연결되어 있죠. 그렇다면 영어 말하기 학습 순서를 이렇게 정리해 볼 수 있겠네요.

1. 원어민이 영어 단어와 문장을 어떻게 발음하는지, 정확한 영어 발음을 먼저 파악한다.
2. 원어민이 영어로 말하는 좋은 예시를 많이 들으며 원어민의 영어를 성대모사 하듯이 똑같이 따라 말해 본다.
3. 따라하는 영어 문장과 영어 표현이 입에 배도록 계속 연습하여 영어 말하기 실력을 쌓는다.

이렇게 정리하고 나니 ‘영어 듣기 공부’와 ‘영어 읽기 공부’, ‘영어 말하기 공부’가 세 가지의 각자 다른 공부가 아니라 모두 서로 연결되어 있다는 것을 알 수 있습니다. 따라서, 별개로 공부한다는 생각보다는 골고루 연관 지어 공부한다고 생각하는 게 좋겠죠. 그리고 무엇보다 중요한 것은, 영어로 말하는 것 자체를 즐겨야 한다는 것입니다. 언젠가 외국에서 원어민과 자유롭게 영어로 대화할 날을 그리며, 흥미로운 영어 말하기 자료부터 찾아서 시작해 보세요. 어렵게 생각하지 말고 일단 즐겨 보는 겁니다.

7) 영어를 잘하려면 눈치껏 상황에 맞는 표현을 쓸 수 있어야 한다

영어를 잘한다는 건 과연 뭘까요? 상대와 함께 대화하는 매 순간 적절히 영어 표현을 잘 사용하는 사람을 보면 영어를 잘한다고 생각하게 됩니다. 간혹 이런 사람도 있습니다. 영어 공부를 열심히 하여 실력을 쌓은 결과, 자신의 생각을 영어로 막힘없이 술술 표현할 수 있게 된 사람이 있죠. 그런데 이 사람은 막상 누군가와 영어로 대화를 할 때 상대방이 하는 말에 대한 답변으로 적절하지 않은 영어 표현 또는 상황에 맞지 않는 영어 표현을 계속 사용합니다. 그렇다면 이 사람의 영어 실력은 좋다고 할 수 있는 걸까요? 우리가 영어를 배우는 이유는 영어를 사용하여 다른 사람들과 소통을 하기 위한 것이기도 합니다. 아무리 영어 표현이나 구문 등에 대해 아는 게 많다고 해도 영어로 대화를 제대로 이어갈 수 없다면 영어를 진짜로 잘한다고 보기 힘듭니다. 그래서 어떻게 보면 영어 실력이 는다는 건 영어 눈치가 늘어나는 것이라고 볼 수 있습니다. 눈치가 빠른 사람은 자신의 상황을 빠르게 파악하고, 상대방이 말을 할 때 말을 하려는 의도를 잘 읽어냅니다. 그리고 그에 맞는 행동과 말을 하죠.

영어 공부, 특히 영어 회화 공부를 할 때에는 내가 배우는 영어 단어와 영어 표현이 정확히 어떤 상황에서 어떤 뉘앙스로 사용되는지 파악하는 게 중요합니다. 그게 파악될 때 배운 것을 제대로 상황에 맞게 눈치껏 잘 사용할 수 있으니까요. 예를 들어, 원어민 친구와 대화를 나누고 있다고 생각해 보세요. 친구가 열심히 준비한 시험이 있었는데, 그 시험에서 아쉽게 탈락했다고 나에게 말합니다. 그 이야기를 들은 나는 친구에게 위로의 표현을 하기 위해 자신이 배운 영어 표현 중 생각 나는 표현을 하나 이야기하죠.

"Don't worry!"

이 표현이 "괜찮아!"라는 위로의 표현이라고 알고 있었기 때문에 건넨 말이었죠. 하지만 원어민 친구는 이 말을 듣고 고개를 갸우뚱합니다. 사실 이 표현은 상대방이 어떤 고민을 하고 있을 때나 큰 일을 앞두고 있을 때 상대방을 응원하기 위해 사용하는 표현입니다. 그렇기 때문에 이 표현은 상대방이 시험을 치기 전에 사용해야 적절하고, 시험에서 떨어진 뒤에 사용하기엔 그다지 적절하지 않은 표현이죠. 이런 상황에는 "That's too bad." 혹은 "I'm sorry to hear that."과 같은 표현을 사용하는 게 더 적절하겠죠. 어떤 표현이든 상황에 맞게, 눈치껏 적절하게 잘 사용할 줄 알게 되어야 비로소 영어 실력이 느는 것입니다. 그러니 영어 단어나 영어 표현을 배울 때 뜻만 외우려 하지 말고, 이 표현들을 어떤 상황에서, 어떻게 사용해야 하는지도 꼭 함께 익혀두도록 하세요.

8) 영어 공부가 지루해질 때 다른 매체를 찾아보자

“빌리님은 영어를 굉장히 좋아하시니까 영어 공부를 하는 게 하나도 지루하지 않겠네요?”

영어를 좋아하거나, 영어를 잘하는 사람은 영어 공부를 하는 게 전혀 지루하지 않다고 생각하는 분들이 많습니다. 하지만 저도 영어 공부를 할 때 지루한 순간이 종종 있죠. 공부란 원래 예외없이 누구에게든 지루한 법입니다. 물론 제가 남들에 비해 영어에 관심이 더 많아서 영어 공부를 할 때 비교적 더 즐기면서 공부하는 편이긴 합니다. 하지만 단어를 암기하거나, 어려운 문법을 공부할 때, 혹은 똑같은 말하기 연습을 반복적으로 해야 할 때 저도 영어 공부를 하는 게 지루해지고, 때론 지치기도 하죠. 하지만 영어 공부가 지루하다고 느끼는 순간에 바로 영어 공부에서 손을 떼어 버린다면 영어 실력을 쌓을 수 없겠죠? 저도 영어 공부가 지루해지더라도 계속 영어 공부를 해 나가기 위해 끊임없이 노력하고 그 지루함을 해소하기 위해 여러 가지 방법을 모색해 보기도 합니다.

일단 뭔가가 지루해지는 이유는 그것과 너무나 오랫동안 접했기 때문입니다. 영어 공부가 지루하다고 느끼는 순간도 영어 공부를 어느 정도 한 뒤에 오게 되죠. 저는 이런 순간이 찾아오면 제가 사용하고 있는 영어 공부 자료를 잠시 덮어두고, 새로운 영어 공부 학습 매체나 방법을 찾습니다. 새로운 걸 접하면 지루한 마음이 조금은 사라지게 되는데요. 그렇게 지루함이 조금 해소되면 다시 원래의 공부 자료로 돌아오죠.

제가 고등학생일 때는 영어 공부가 지루하다고 느꼈던 순간이 정말 많았습니다. 이때는 주로 학교 시험과 수능을 위한 영어 공부를 했기 때문에 똑같은 유형의 영어 문제를 풀고 또 풀었죠. 이렇게 똑같은 것만 반복하다 보니 영어 공부가 지루하게만 느껴졌습니다. 하지만 영어 공부에 대한 열정은 여전했기 때문에 학교 시험을 위한 영어 문제집 외에도 새로운 영어 공부 자료를 찾아 나섰죠. 영국 드라마나 영국 영화, 외국 노래, 영어 원서 등을 활용하기 시작한 것입니다. 글만 가득했던 영어 공부 자료들로 한창 지루해 하던 찰나에 영상 매체나 음악을 영어 공부 자료로 활용하니 새로운 곳에 온 듯한 기분이 들었죠. 제가 고른 영어 원서를 읽으면 같은 영어 읽기라도 영어 독해 문제집을 풀 때와는 달리 색다른 기분이 들었습니다. 한 마디로 영어 공부의 신세계였습니다. 이렇게 신세계를 맛보니 영어 공부에 대한 지루함이 싹 사라지면서 다시 영어 공부에 흥미를 가질 수 있게 되었습니다. 마치 산책하러 나가서 시원한 바람을 쐬고 돌아온 기분이었죠.

영어 공부를 할 때 한 가지 교재만 집중하여 그 교재를 단기간에 다 풀고, 그 후에 새로운 교재로 넘어가는 분들이 있습니다. 계단을 하나하나 밟고 올라가듯이 교재를 한 권, 한 권 풀어나가는 거죠. 물론 이렇게 해도 영어 공부가 되긴 하지만, 금방 지루해지고 지칠 수 있습니다. 때문에 영어 공부 자료는 오직 한 가지 종류만 사용할 것이 아니라 이왕이면 다양한 매체의 여러 자료를 함께 사용하는 게 좋습니다. 식사를 할 때에 매일 똑같은 음식만 먹진 않는 것처럼 말이죠. 만약 그렇게 된다면 식사를 하는 게 고문이 될 수도 있습니다. 매일 다양한 음식으로 식사를 해야 식사를 즐길 수 있듯이, 영어 공부도 한 가지만이 아닌 다양한 자료를 활용해야 지루하지 않고 즐겁게 할 수 있습니다.

여러분도 영어 공부가 지루하다고 느낄 때, 다른 소재로 영어를 접하며 분위기를 환기시켜 보세요. 영어를 접하는 환경은 유지하되, 접하는 소재만 바꿔서 새로운 기분을 느껴보는 거죠. 영어 교재로 영어 공부를 하는 게 너무 지루하다고 느껴지면 〈유튜브〉나 〈TED〉 웹사이트에 접속하여 평소 관심있는 주제에 대한 영상을 시청하며 영어 듣기 공부를 이어 나가보세요. 또는 영화나 드라마만으로 영어 공부를 하는 것에 너무 익숙해졌다면 영어 만화책이나 동화책, 혹은 영어 원서를 읽으면서 영어로 된 새로운 매체를 접해 보세요. 이런 식으로 영어 공부 분위기를 바꾸고 지루함을 덜어 내면서 그와 동시에 재미있게 영어 공부를 계속 이어 나갈 수 있습니다.

하지만 아무리 새로운 매체를 접하더라도 영어 공부를 할 의지가 사라져 버리는 경우도 생기죠? 저도 영어 공부에 대한 의지가 바닥 나서 아무 것도 손에 잡히지 않을 때가 있었는데요. 그럴 때에는 영어 공부의 원점으로 돌아와 애초에 내가 왜 영어 공부를 하려 했는지 그 목적부터 다시 생각했습니다. 그리고 머릿속으로 영어 공부를 열심히 한 뒤 영어를 유창하게 사용하는 제 미래의 모습을 구체적으로 상상했죠. 외국에서 유창하게 원어민 친구들과 대화를 나누는 모습이나 큰 무대에서 영어로 발표하는 모습 등을 상상했습니다. 그리고 나면 갑자기 설레면서 상상 속 내 모습이 되기 위해 다시 영어 공부에 대한 의지를 불태우게 되었죠.

또한 영어 공부에 대한 동기 부여를 위해 영어를 열심히 공부하여 뭔가를 성취한 사람의 이야기를 읽어 보기도 했습니다. 제가 대학생일 때 아주 인상 깊게 읽은 책이 있었는데, 〈아름답게 욕망하라〉라고 하는 미국 ABC 뉴스의 서울 지국장이자 글로벌 특파원인 조주희 기자님이 집필한 책이었습니다. 조주희 기자님은 한국인이지만 영어를 열심히 공부하여 미국에서 대학을 졸업했고, 미국에서 가장 큰 방송국 중 하나인 ABC 방송국의 방송 기자입니다. 또 ABC 뉴스의 서울 지국장을 맡았는데요. 한국인이 영어를 사용하여 이렇게 큰 일을 성취할 수 있었다는 이 이야기가 저에게는 큰 동기 부여가 되었습니다. 뿐만 아니라 제가 영어 공부를 해 나가는 데 큰 원동력이 되었죠. 가끔 이렇게 영어 공부를 열심히 한 사람의 이야기를 듣는 것도 영어 공부의 지루함을 없애고 동기를 얻는 데에 큰 도움이 됩니다.

이렇듯 영어 공부를 끝까지 잘 해내기 위해서는 여러 가지 전략과 요령이 필요합니다. 우리 몸의 근육을 크게 만들기 위해서는 근육이 찢어질 것 같이 아픈 순간을 견디며 근력 운동을 끝까지 해내야 합니다. 이런 상황을 보고 흔히 "No pain, no gain."(고통 없이는 없는 게 없다.)라고 말하죠? 영어 공부도 다를 것 없습니다. 머리가 깨질 것 같이 지루하고 지치는 순간을 잘 넘기고 끝까지 영어 공부를 잘 해내는 사람이 바로 영어 실력을 얻을 수 있겠죠. 솔직히 영어 공부는 아무리 영어를 좋아하는 사람이라 한들 공부이기에 누구에게나 지루한 시기는 반드시 찾아오게 됩니다. 이때 가장 중요한 건 그 지루함에 정복당하지 말고 내가 그 지루함을 정복할 수 있어야 한다는 겁니다.

1. 다른 공부 매체를 사용한다.
   예) 문제지, 노래, 원서교재, 영상, 드라마, 영화 등등
2. 영어 공부의 목적을 떠올리고 그걸 이룬 모습을 구체적으로 상상한다.
3. 열심히 공부를 하여 이미 목표를 이룬 사람들의 이야기를 접한다.

PART 3

영국인들이 극찬한 영어 마스터, 코리안빌리에게 배우는 영국영어

지금까지 어떻게 영어를 공부해야 하는지 자세히 이야기해 보았는데요. 코리안빌리인 제가 영어 공부에 대한 이야기만 하고 영국영어에 대해 이야기하지 않으면 섭섭하겠죠? 지금부터는 영국영어의 핵심을 포인트별로 간단하게 알아보면서 영국영어에 대해 전반적으로 맛보는 시간을 가져 보도록 하겠습니다. 우선 영국영어에 대해 본격적으로 알아보기 전에 영국영어를 이렇게 생각해 보면 좋을 것 같습니다. 영국영어를 단순히 공부해야 하는 외국어 중 하나가 아니라, 그냥 영국 문화의 일부분이라고 생각하는 거죠. 여기서 '한 나라의 문화'라고 하면 굉장히 많은 걸 의미합니다. 그 나라 사람의 행동 양식이나 사고방식이 될 수도 있고, 우리가 즐기는 음악이나 영화도 문화에 포함되죠. 그리고 그 나라 사람이 사용하는 언어도 문화와 밀접한 관련이 있습니다. 따라서 영국 사람이 사용하는 말을 배우면 영국 사람의 생활 양식과 사고방식을 한번 엿볼 수 있다는 거죠. 영국영어를 제대로 배우고 싶다는 사람이 정작 영국 문화에는 아무 관심이 없다면 영국영어를 잘 배울 수 있을까요?

영국 문화, 그리고 영국영어에 대해 이해할 수 있는 가장 쉬운 방법은 우리가 기존에 알고 있는 것과 비교하는 방법인데요. 우리는 보통 한국에서 미국영어를 기준으로 영어 교육을 받기 때문에 상식적으로 미국영어에 대해 더 많이 알고 있는 경우가 대다수입니다. 그러므로 우리가 기존에 알고 있는 미국영어를 영국영어와 비교해 보면 영국영어에 대해 좀 더 명확하게 이해할 수 있습니다.

각기 나라마다 문화가 다르듯, 미국영어와 영국영어는 단어, 발음, 철자, 그리고 표현 차이가 있습니다. 예를 들어, schedule이라는 단어는 미국에서는 [스케줄]이라고 발음하지만, 영국에서는 [쉐쥴]이라고 완전히 다르게 발음합니다. 둘의 차이가 확실히 보이죠? 이 외에도 미국영어와 영국영어는 서로 다른 점이 꽤 있는데요. 우리가 학교나 일상 속에서 접하는 영어는 미국영어가 대부분이기에, 우리나라 사람이 영국영어를 공부할 때에는 이렇게 미국영어와 영국영어를 서로 비교하면서 공부하는 게 가장 좋습니다.

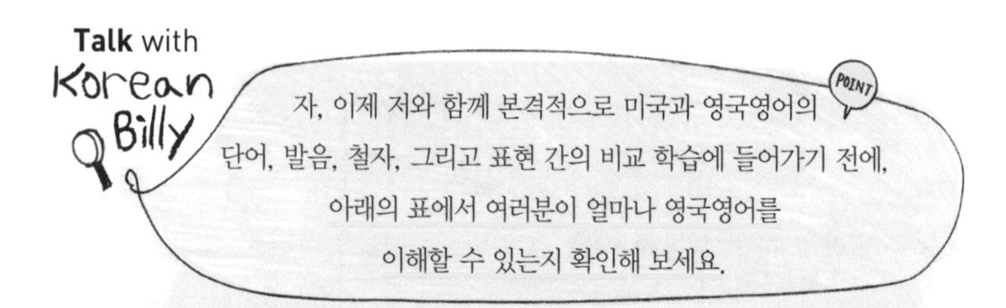

왼쪽 영국식 단어와 같은 뜻을 가진 미국식 단어를 서로 매칭해 보세요.

1. lift •	• first floor
2. ground floor •	• exit
3. flat •	• elevator
4. way out •	• apartment
5. jumper •	• sweater

정답

1. lift- elevator
2. ground floor- first floor
3. flat-apartment
4. way out- exit
5. jumper-sweater

#1

영국영어와 미국영어의 '단어' 차이

1) 미국 🇺🇸 Elevator 영국 🇬🇧 Lift

우리가 흔히 엘리베이터라고 부르는 승강기를 미국에서는 우리말과 같이 elevator라고 말합니다. 그런데 영국에서는 엘리베이터라고 하지 않고 lift라고 말하죠. lift는 보통 '들어올리다'라는 의미의 동사로 사용하는 단어인데요. 영국에서는 승강기가 사람을 들어올려 다른 층으로 옮겨주는 것이라고 생각해서 lift를 승강기라는 의미로 사용한다고 이해하시면 됩니다.

2) 미국 🇺🇸 First floor 영국 🇬🇧 Ground floor

1층을 영어로 어떻게 이야기할 수 있을까요? 1층에는 숫자 1이 있으니까 first floor라고 말할 수 있겠죠. 2층은 second floor라고 말하고요. 이렇게 말하는 방식은 미국식입니다. 영국에서는 건물의 층을 조금 다른 방식으로 생각합니다. 보통 건물의 1층은 우리가 걷는 지면과 맞닿아 있는 층이죠? 그래서 영국 사람들은 지면과 맞닿아 있는 층이 건물의 첫 번째 층이기 때문에 1층을 first floor가 아닌 ground floor라고 말합니다. ground가 지면

이라는 뜻이죠. 그리고 2층을 지면과 닿는 층 위에 첫 번째로 올라간 층이라고 생각하여, first floor라고 말합니다. 그래서 미국에서는 first floor가 1층을 뜻하지만, 영국에서는 2층을 뜻합니다. 그렇다면 영국에서 3층은 뭐라고 말할까요? 바로 second floor입니다. 뒤이어 4층이 third floor, 5층이 fourth floor가 되는 거죠. 그래서 영국에서 엘리베이터를 탄 후 층 수를 누르는 버튼을 보면 1층이 G(Ground floor)라고 쓰여 있거나 0이라고 쓰여 있습니다. 이 사실을 모른다면 영국에서 층수를 잘못 찾아갈 수도 있으니 알아두면 좋겠죠?

3) 미국 Exit 영국 Way out

지하철이나 기차를 타고 목적지에 도착하면 우리는 먼저 출구로 나가기 위해 출구 표지판을 찾죠? 우리나라와 미국에서는 출구 표지판에 exit라고 쓰여 있습니다. 미국영어로 출구가 exit이죠. 그런데 영국에서는 exit라고 쓰여진 표지판을 찾아볼 수 없습니다. 그렇다고 출구가 없는 게 아니겠죠? 영국에서는 출구를 좀 더 직관적으로 말하는데요. 바로 way out이라고 말합니다. way는 '길'을 뜻하고, out은 '바깥'을 뜻하니까 way out은 말 그대로 '나가는 길'을 뜻하는 거죠. 그래서 영국의 지하철역이나 기차역에서 출구 표지판을 찾을 때에는 way out이라고 쓰여진 표지판을 찾으면 됩니다.

4) 미국 Candies 영국 Sweets

달콤한 사탕을 우리도 캔디라고 말하죠? 미국에서도 사탕을 캔디(candy)라고 말하는데요. 사탕 여러 개를 말할 때에는 candies라고 말합니다. 하지만 영국에서는 사탕을 말할 때 조금 다르게 sweet라는 단어를 사용합니다. 보통 sweet는 '달콤한'이라는 의미의 형용사로 사용하는 단어인데, 영국 사람들은 사탕이 달콤한 것이므로 사탕을 이야기할 때도 단어 sweet을 사용합니다. 이때는 sweet가 명사로 쓰이므로 사탕 여러 개를 이야기할 때에는 뒤에 s를 붙여 sweets라고 말하죠. 사탕 하나만 이야기할 때에는 sweets가 아닌 a sweet라고 하면 됩니다.

5) 미국 French fries 영국 Chips

패스트푸드점에서 햄버거를 먹을 때 빠질 수 없는 게 바로 감자튀김이죠? 미국에서는 우리가 흔히 알고 있듯이 감자튀김을 프렌치 프라이(french fries)라고 말합니다. 그런데 영국에서는 감자튀김을 다르게 말합니다. 바로 chips라고 이야기하죠. 보통 chips라고 말하면 감자칩을 떠올릴 것 같은데 영국에서는 chips가 감자칩이 아닌 감자튀김을 뜻합니다. 영국 음식으로 유명한 '피쉬 앤 칩스(fish and chips)'를 떠올리면 기억하기 쉽죠. 피쉬 앤 칩스는 생선튀김과 감자튀김을 함께 먹는 요리죠? 피쉬 앤 칩스에서 칩스가 바로 감자튀김을 말하는 것입니다.

6) 미국 Potato chips 영국 Crisps

앞서 감자튀김에 대해 이야기할 때 영국에서는 chips가 감자칩이 아니고 감자튀김이라고 말했죠? 그렇다면 감자칩은 영국에서 뭐라고 할까요? 일단 미국에서는 감자칩을 말 그대로 potato chips, 혹은 줄여서 chips라고 말합니다. 그리고 영국에서는 감자칩을 바로 crisps라고 말하죠. crisp는 '바삭바삭한'이라는 의미의 형용사로 쓰이는 단어인데요. 영국 사람들은 바삭바삭한 것의 대표적인 게 감자칩이라고 생각하는지, 이 단어를 감자칩이라는 의미로도 사용합니다. 보통 감자칩은 여러 개가 함께 모여있으니 감자칩을 말할 때에는 crisp가 아닌 복수형인 crisps라고 말합니다.

7) 미국 Cookie 영국 Biscuit

초코칩 쿠키와 같은 쿠키를 말할 때 미국 사람들은 우리가 사용하는 단어와 똑같이 cookie라는 단어를 사용하는데요. 영국에서는 쿠키를 쿠키라고 말하지 않습니다. 바로 우리말로 비스킷이라고 하는 biscuit이라는 단어를 사용하죠. 그래서 초코칩 쿠키를 미국에서는 chocolate chip cookie, 영국에서는 chocolate chip biscuit이라고 말합니다. 사실 미국에서도 biscuit이라는 단어를 사용하기도 하는데요. 미국에서 말하는 biscuit은 오른쪽 그림에서 볼 수 있듯이 달콤한 쿠키가 아니고, 쿠키보다 더 부피가 큰 빵을 의미합니다.

8) 미국 Apartment 영국 Flat

우리가 사는 집 종류에는 단독 주택도 있고, 아파트도 있죠? 우리가 말하는 아파트는 미국영어에서 가져온 말입니다. 미국에서는 아파트를 apartment라고 말하는데요. 영국에서는 아파트를 다르게 이야기합니다. 바로 flat이라고 말하죠. flat은 '평평한'이라는 의미의 형용사로 사용하는 단어인데, '아파트'라는 의미의 명사로도 사용합니다. flat이 옛날에는 '건물의 층'을 의미했다고 해요. 아파트는 여러 층으로 된 건물에 사람들이 함께 사는 곳이죠? 그래서 flat이라는 단어가 '건물의 층'이라는 의미에서 '아파트'라는 의미로 발전하여 사용되지 않았나 싶습니다.

9) 미국 Parking lot 영국 Car park

교통 표지판으로 P라고 쓰여 있는 주차장을 미국과 영국에서는 각자 다르게 말합니다. 미국에서는 주차장을 parking lot이라고 말하는데요. 영국에서는 완전히 다르게 car park라고 부릅니다. 미국에서는 주차장이라는 단어에 parking이라는 단어가 있는 것으로 보아 차를 '주차한다'라는 의미에 초점을 둔 것 같습니다. 그에 비해 영국에서는 car park, 그대로 해석하면 차 공원이 되므로 차가 주차되어 있는 '공간'에 초점을 둔 것 같습니다. 이렇게 같은 공간에 대해 미국 사람과 영국 사람이 바라보는 시각이 다르다는 게 재밌지 않나요?

10) 미국 Sweater 영국 Jumper

차가운 바람이 부는 겨울이 되면 자연스럽게 찾게 되는 옷이 있는데요. 바로 우리말로 니트, 혹은 스웨터라고 부르는 옷입니다. 스웨터는 미국에서도 똑같이 sweater라고 말하는데요. 영국에서는 스웨터를 jumper라고 말합니다. 영국의 옷가게에서 스웨터를 찾고 싶다면 jumper라고 쓰여 있는 곳을 찾아야겠죠? 그런데 또 우리가 점퍼라고 말하는 옷도 있는데요. 우리말로 점퍼라고 말하는 이 옷은 영국에서 jumper라고 말하지 않고 jacket이라고 말하니 헷갈리지 않도록 주의하세요.

11) 미국 Pants 영국 Trousers

바지를 영어로 말할 때 우리는 흔히 pants라고 말하죠? 그런데 이 'pants를 입는다'는 의미의 문장인 "I'm putting on pants."가 미국과 영국에서 완전히 다르게 해석됩니다. 미국에서 이렇게 말하면 우리가 원래 알고 있는 대로 '바지를 입는 중이다'는 말이 되는데, 영국에서는 바지가 아니라 '팬티를 입는 중이다'는 말이 됩니다. 영국에서는 똑같은 단어인 pants가 바로 '팬티'를 의미하기 때문이죠. 그렇다면 영국에서는 바지를 뭐라고 말할까요? 바로 trousers라고 말합니다. 그러므로 영국에서 바지를 사려고 할 때에는 pants가 아닌 trousers라는 단어를 사용해야겠죠?

12) 미국 Sneakers 영국 Trainers

신발을 영어로 간단하게 shoes라고 말할 수 있지만, 운동화를 말할 때에는 다른 단어를 사용합니다. 미국에서는 운동화를 sneakers라고 말하죠. 우리말로 '스니커즈'라고 하면 특정한 한 가지 디자인의 운동화를 의미하는데요. 미국에서는 좀 더 넓은 의미로, 일반적인 운동화를 모두 sneakers라고 말합니다. 영국에서는 다른 단어를 사용하는데요. 바로 trainers라고 말합니다. trainer는 우리가 트레이너라고 말하기도 하듯이, '교육이나 훈련을 도와주는 사람'을 의미하는 단어이기도 한데요. 운동화가 달리기와 같은 훈련을 도와주는 것이므로 trainers라고 말하는 거라고 생각해 볼 수 있겠습니다.

13) 미국 Cart 영국 Trolley

우리가 대형 슈퍼마켓에서 본격적으로 장을 보려면 바로 쇼핑 카트가 필요하죠? 이 카트를 미국에서는 cart 혹은 shopping cart라고 말합니다. 우리말로 사용하는 단어와 같죠. 그런데 영국에서는 완전히 다른 단어인 trolley라고 합니다. 그래서 영국의 슈퍼마켓에 가서 카트를 찾고 싶으면 trolley라고 쓰여진 표지판을 찾아야 합니다. 기차역이나 공항에서 짐이 너무 많아 카트를 이용해야 할 때도 있죠? 영국의 기차역과 공항에서 짐을 실을 카트가 필요할 때에는 바로 trolley를 찾으면 된답니다.

14) 미국 Highway / Expressway / Freeway 영국 Motorway

차로 먼 거리를 빠르게 이동하기 위해 이용하는 도로가 바로 고속도로입니다. 이 고속도로도 미국과 영국에서 각자 다르게 말하는데요. 미국에서는 고속도로를 highway, expressway 또는 freeway라고 다양하게 말합니다. 그런데 영국에서는 고속도로를 motorway라고 말하죠. 미국에서는 높은 곳에 있는 도로, 혹은 빠른 속도로 자유롭게 달릴 수 있는 도로라서 highway와 expressway, freeway라는 단어를 사용하는 것 같은데요. 영국에서는 차가 본격적으로 달린다는 의미를 전달하기 위해 차와 관련 있는 단어인 motor를 사용하여 고속도로를 motorway라고 말하죠. 이렇게 고속도로를 설명하는 방식도 나라마다 다른 걸 알 수 있습니다.

영국영어와 미국영어의 '발음' 차이

앞서 알아본 영국영어와 미국영어의 단어 차이가 '눈'으로 발견할 수 있는 차이라면, 두 영어의 발음 차이는 '귀'로 발견할 수 있는 차이라고 할 수 있습니다. 영국영어와 미국영어의 발음은 꽤 달라서 조금만 귀 기울여 들으면 뭔가 다르게 들린다는 걸 알 수 있는데요. 두 영어의 발음 차이를 세세하게 다 설명하자면 끝이 없으니, 여기서는 차이점이 비교적 명확하여 여러분께서 구분하기 쉬운 발음 차이 4가지를 알아보도록 하겠습니다.

영국영어와 미국영어의 4가지 발음 차이

▼ 동영상 바로 가기

★ T 발음 차이

보통 영어의 t 발음은 우리말의 '티읕'과 비슷한 소리가 나죠? 먼저 today와, star, best 같이 단어의 첫 발음이나 끝 발음이 t인 경우, 그리고 pretend와 같이 t 발음에 강세가 있는 경우에는 영국영어와 미국영어 모두 티읕과 비슷한 발음을 사용합니다. 하지만 t가 단어의 중간 발음일 때에는 두 영어 발음이 서로 달라집니다. 먼저 우리에게 익숙한 미국식 영어에서는 우리말의 [리을]과 비슷한 발음을 사용합니다. 혀로 입천장을 살짝 건드려 주는 느낌으로 발음하죠. 반면에 영국영어에서는 앞서 이야기한 [티읕]과 비슷한 발음인 t 발음을 매우 명확하게 해줍니다.

영국영어 T 발음하는 법

▼ 동영상 바로 가기

★ **T 발음 차이:** 발음 기호는 똑같지만 미국/영국영어가 [t]발음을 하는 방식이 다릅니다. 미국영어는 t를 부드럽게 발음하는 편인 반면에 영국영어는 명확하게 발음합니다.

1. **little**

미국	little	[ˈlɪtl]	리를
영국	little	[ˈlɪtl]	리틀

▲ little 음원 듣기

2. **kettle**

미국	kettle	[ˈketl]	케를
영국	kettle	[ˈketl]	케틀

▲ kettle 음원 듣기

3. **pity**

미국	pity	[ˈpɪti]	피리
영국	pity	[ˈpɪti]	피티

▲ pity 음원 듣기

★ R 발음 차이

r 발음은 우리가 흔히 혀를 굴리는 발음이라고 하죠? 한글로 적자면 우리말로 [뤄] 소리와 비슷한 이 발음은 영어 단어의 첫 발음이 될 때에는 영국영어와 미국영어 모두 혀를 굴리는 발음으로 소리를 냅니다. road나 round와 같은 단어가 이런 경우죠. 그런데 r 발음이 단어의 중간이나 끝 발음이 될 때에는 영국영어와 미국영어의 발음이 서로 달라집니다. 미국영어의 경우에는 앞서 이야기한 대로 혀를 굴리는 발음을 사용하는데, 영국영어의 경우에는 혀를 굴리지 않고 r 발음 앞의 발음을 길게 늘여서 발음합니다. 그래서 [아–]나 [어–]와 같은 소리가 나죠.

영국영어 R 발음 영상으로 마스터하기!

▼ 동영상 바로 가기

★ **R 발음 차이:** 미국영어는 혀를 굴려서 [아–ㄹ]라고 발음하는 반면, 영국영어의 경우 혀를 굴리지 않고 단순히 길게 늘어지는 발음인 [아–] 혹은 [어–]와 같은 소리로 발음합니다.

1. **party**

미국	party	[ˈpɑːrti]	파–ㄹ리
영국	party	[ˈpɑːti]	파아–티

▲ party 음원 듣기

2. **garden**

미국	garden	[ˈgɑːrdn]	가–ㄹ든
영국	garden	[ˈgɑːdn]	가아–든

▲ garden 음원 듣기

3. **where**

미국	where	[wer]	웨어ㄹ
영국	where	[weə]	웨어–

▲ where 음원 듣기

★ O 발음 차이

영어의 o 발음으로는 여러 가지가 있습니다. 그중에서 영국영어와 미국영어 발음이 명확하게 차이가 나는 경우가 있는데요. 미국영어에서는 우리말로 [아] 소리와 비슷하게 발음하는데, 영국영어에서는 [오] 소리와 비슷하게 발음하는 경우입니다. 미국식 발음 기호에서 [ɑː]가 영국식에서 [ɒ]로 바뀌는 걸 알 수 있는데, 이게 우리말로 [아] 소리와 비슷한 미국식 발음이 [오] 소리와 비슷한 영국식 발음으로 바뀌는 것입니다.

영국영어 O 발음하는 법

▼ 동영상 바로 가기

★ **O 발음 차이:** 미국영어는 o를 [아]와 같은 소리로 발음하는 경우가 많지만, 영국영어는 [오]와 같은 소리로 발음하는 경우가 많습니다.

1. **hospital**

미국	hospital	[ˈhɑːspɪtl]	하-스피를
영국	hospital	[ˈhɒspɪtl]	호스피틀

▲ hospital 음원 듣기

2. **bottle**

미국	bottle	[ˈbɑːtl]	바-를
영국	bottle	[ˈbɒtl]	보틀

▲ bottle 음원 듣기

3. **not**

미국	not	[nɑːt]	나-ㅌ
영국	not	[nɒt]	노트

▲ not 음원 듣기

★ A 발음 차이

영어의 a 발음 또한 여러 가지 발음이 있습니다. 예를 들어, 영어 단어 man의 a 발음과 ask의 a 발음이 다르죠. 여러 a 발음 중 영국영어 발음과 미국영어 발음이 뚜렷하게 다른 경우가 있는데요. 바로 단어 ask와 같은 경우입니다. a 발음 중에서 미국영어로는 우리말로 [애]와 비슷한 발음이 있는데요. 이 발음이 영국영어로는 우리말로 [아–] 소리와 비슷한 발음이 되죠.

영국영어 A 발음 차이

▼ 동영상 바로 가기

★ **A 발음 차이 :** 미국영어는 a를 [애]와 같은 소리로 발음하는 경우가 많지만, 영국영어는 [아–]와 같은 소리로 발음하는 경우도 있습니다. 미국식 영어 발음 [æ]는 우리말로 [애]와 비슷한 소리가 나는 발음이고, 영국식 영어 발음 [ɑ:]는 우리말로 [아–]와 비슷한 소리가 나는 발음입니다.

1. **ask**

미국	ask	[æsk]	애스크
영국	ask	[ɑ:sk]	아–스크

▲ ask 음원 듣기

2. **pass**

미국	pass	[pæs]	패스
영국	pass	[pɑ:s]	파–스

▲ pass 음원 듣기

3. **chance**

미국	chance	[tʃæns]	챈스
영국	chance	[tʃɑ:ns]	차–ㄴ스

▲ chance 음원 듣기

영국영어와 미국영어의 '철자' 차이

영국영어와 미국영어의 철자 차이

▼ 동영상 바로 가기

영국영어와 미국영어의 단어를 쓸 때 철자를 다르게 쓰는 경우도 있습니다. 이런 철자 차이는 영어 회화를 할 때에는 쉽게 눈치채지 못하는 경우가 많지만, 문서를 읽을 때는 그 차이를 확연하게 알아챌 수 있습니다. 영국인 작가가 쓴 세계적으로 유명한 소설인 〈해리 포터〉 시리즈를 책으로 읽을 때 여러분이 그 철자 차이를 모르신다면 영국영어 철자로 쓰여진 단어를 보면서 오타라고 생각할 수도 있는데요. 이는 영국영어가 사실 우리가 흔히 알고 있는 미국영어와 다른 방식의 철자를 사용하기 때문입니다. 그렇다면 영국영어와 미국영어의 철자가 어떻게 다른지 알아보도록 합시다.

★ -er vs. -re

미국	영국
center 중심	centre
fiber 섬유	fibre
liter 리터	litre
theater 영화관	theatre
meter 미터	metre

위의 예시와 같이 미국영어 단어 중에서 'er'로 끝나는 단어가 있습니다. 이러한 단어는 종종 영국영어에서는 're'로 표기됩니다. e와 r의 위치가 서로 뒤바뀌는 거죠. 하지만 영국식 영어에서는 철자가 '-re'라도 발음은 '-er'과 같은 발음을 해줍니다. 영국식 발음으로 '-er'을 발음하는 것이죠. 예를 들어, 영국식 영어로 centre라고 쓰여있다고 해서 [센트레]와 같이 're' 발음을 하는 게 아니라 [센터–]와 같이 'er' 발음을 하면 됩니다.

★ -or vs. -our

미국	영국
color 색깔	colour
flavor 풍미	flavour
behavior 행동	behaviour
neighbor 이웃	neighbour
favor 호의	favour
honor 명예	honour

미국영어에 철자가 '-or'로 끝나거나 중간에 '-or-'로 표기되는 영어 단어가 있습니다. 이러한 영어 단어가 영국영어 철자 방식으로는 '-our'로 표기됩

니다. 철자가 다르지만 발음은 'or'의 발음을 그대로 사용하죠. 예를 들어, 영국영어로 'colour'를 발음할 때 [컬라우워-]처럼 'our' 발음을 하는 게 아니고 [컬러-]처럼 'or' 발음을 합니다.

★ -ize vs. -ise

미국	영국
realize 깨닫다	realise
recognize 알아보다	recognise
organize 준비하다	organise
apologize 사과하다	apologise

미국영어에서 철자가 '-ize'로 끝나는 영어 단어가 있는데요. 이러한 영어 단어를 영국영어에서는 z가 s로 바뀌어 '-ise'로 표기됩니다. 단어 organization과 organisation 같이 단어 중간에 철자가 '-iz'에서 '-is'로 바뀐 경우도 있는데요. 이는 단어 organize와 organise가 명사형으로 바뀐 단어이기 때문에 앞서 언급한 바와 같이 z가 s로 바뀐 것입니다. 하지만 미국식, 영국식 영어 단어 모두 발음할 때에는 '-ize'와 같은 방식으로 발음하는데요. 예를 들어, 단어 realise를 [리얼라이스]와 같이 'ise'로 발음하는 게 아니라 [리얼라이즈]처럼 ize로 발음합니다.

★ -ense vs. -ence

미국	영국
license 면허	licence
defense 방어	defence
offense 모욕	offence
pretense 겉치레	pretence

미국영어에서 철자가 '-ense'로 끝나는 영어 단어가 있습니다. 이러한 단어는 영국영어의 철자 방식으로는 '-ence'로 표기됩니다. 미국영어와 영국영어의 철자는 다르지만 이 경우에 두 가지 영어의 발음은 똑같습니다. 예를 들어, 미국식 영어 단어 offense는 영국식 단어 offence와 동일하게 [오펜스]로 발음합니다.

★ -log vs. -logue

미국	영국
dialog 대화	dialogue
analog 아날로그	analogue
catalog 목록	catalogue
monolog 독백	monologue

위의 예시와 같이 미국영어에서 철자가 '-log'로 끝나는 영어 단어가 있는데요. 영국영어 철자 방식으로는 '-logue'로 표기됩니다. 뒤에 철자 'ue'가 더해졌다고 해서 그 발음을 따로 할 필요는 없고 그냥 미국영어와 동일하게 '-log' 발음만 해 주면 됩니다. 예를 들어, 영국영어 단어 dialogue는 [다이얼로규]로 발음하지 않고 dialog와 동일하게 [다이얼로그]로 발음합니다.

지금까지 알아본 미국영어와 영국영어의 철자 차이 외에도 다양한 철자 차이가 있는데요. 마지막으로 발음은 동일하지만 그 외 기타 철자 차이를 좀 더 알아보도록 하겠습니다.

★ 그 외 기타 철자 차이

미국	영국
program 프로그램	programme
gray 회색	grey
maneuver 작전	manoeuvre
analyze 분석하다	analyse
traveler 여행자	traveller
check 수표	cheque
draft 외풍	draught
cozy 아늑한	cosy
★ jail 교도소	gaol

위의 예시와 같이, 미국영어로는 텔레비전에서 방영하는 프로그램을 program이라고 적지만, 영국영어로는 뒤에 me을 더해 programme이라고 적습니다. 또, 미국영어로 교도소를 jail이라고 하는데, 영국영어로는 gaol이라고 적기도 합니다. 완전히 다른 단어로 보이죠? 하지만 신기하게도, 미국영어와 영국영어의 철자는 완전히 다르지만 발음은 똑같습니다. jail을 [제일]과 같이 발음하듯이 gaol도 [제일]과 같이 발음하는 거죠. 이런 차이를 모른다면 gaol이 무슨 뜻인지, 그리고 이 단어를 어떻게 발음하는지도 모르겠죠?

여기까지 영국영어와 미국영어의 철자 차이를 알아보고 나면 이런 의문이 생길 것 같습니다. “애초에 영국영어와 미국영어의 철자가 왜 다른 거지?” 하고 말입니다. 그 이유는 영국영어와 미국영어의 특징을 살펴보면 알 수 있습니다. 영어는 다양한 종류의 언어, 예를 들어, 고대 프랑스어나 게르만어 등을 흡수한 언어인데요. 이렇게 다양한 언어를 흡수하여 영어 단어로 사용하는 과정에서 영국영어와 미국영어의 철자 방식이 나뉘게 되었습니다. 영국영어는 다른 언어를 흡수하여 만들어진 영어 단어의 철자를 쓸 때 원래 언어의 철자 방식을 그대로 유지하며 철자를 씁니다. 어원에 충실한 영어 철자 방식인 거죠. 반면, 미국영어는 원래 언어의 철자 방식을 유지하지 않고, 단어의 발음에 맞게 철자가 쓰이도록 철자 방식을 바꿨습니다.

어떻게 보면 이러한 철자 방식의 차이는 영국과 미국의 문화 차이와도 비슷한 것 같습니다. 보통 영국은 오랜 전통을 지켜가며, 지속되는 전통에서 오는 가치를 추구하는 반면, 미국은 실용적인 방법을 찾아가며 빠른 발전을 추구합니다. 이런 영국과 미국의 문화적인 특징을 언어에서도 찾아볼 수 있지 않나 싶습니다.

미국 사람들은 이해 못하지만 영국 사람들은 매일 쓰는 표현들

영국영어와 미국영어 간에 여러 가지 차이가 있는 만큼 회화 표현도 서로 다르게 사용되는 경우가 종종 있는데요. 영국 사람이 거의 매일 사용할 정도로 영국에서는 아주 흔한 표현이지만 미국 사람은 이해할 수 없는 표현들이 꽤 있습니다. 지금부터는 영국 느낌이 물씬 풍기는 영국영어 회화 표현들을 알아보겠습니다. 먼저, 어떤 영국인 친구가 와서 여러분께 "You look lovely today."라고 하면 여러분은 무슨 말인지 이해할 수 있나요? lovely라는 단어는 우리가 보통 알고 있는 '사랑스러운'이라는 뜻입니다. 하지만 영국에서는 lovely라는 단어가 이 의미에서 좀 더 확장되어 '멋진', "훌륭한', '친절한' 등의 형용사 의미로 사용되고 있습니다. 자꾸 보다 보면 영국 표현을 유추할 수 있게 되니 너무 두려워 말고 함께 표현들을 자세히 짚어 볼까요?

영국영어 필수 회화 표현 15가지

▼ 동영상 바로 가기

★ "You alright?" - "안녕?"

보통 "안녕?"이라는 인사말을 영어로 떠올리면 "Hello!"라는 표현이 생각나죠? 영국에서는 "Hello!"라는 표현도 사용하지만, "You alright?"이라는 표현도 정말 많이 사용합니다. 이 표현을 말 그대로 해석해보면 "너 괜찮아?"라는 의미이지만, 실제로는 괜찮냐고 물어보는 표현이 아니고 간단한 인사 표현입니다. 우리가 "안녕?"이라고 말하는 건 실제로 안녕한지 아닌지 물어보는 게 아니라 단순히 인사말을 건네는 것처럼요. "You alright?"도 똑같은 맥락으로 사용하는 인사말입니다. 그렇다면 이 표현을 들었을 때 대답은 어떻게 해야 할까요? "Yes"나 "No"로 내가 괜찮은지 아닌지 대답하는 게 아니고, 똑같이 "You alright?" 하고 말해주면 됩니다. 우리말로 하는 "안녕?"에는 "안녕?"으로 답하듯이, "You alright?"에는 똑같이 "You alright?"이라고 답하면 되죠.

ex. You alright, mate? 친구, 안녕? / 잘 지내니, 친구?

★ "Fancy a cuppa tea?" - "차 한 잔 할래?"

영국 사람들은 fancy라는 단어를 즐겨 사용합니다. fancy는 want 혹은 like와 같은 의미의 단어인데요. 이 단어가 사용된 가장 영국스러운 회화 표현 중 하나로 "Fancy a cuppa tea?"가 있습니다. 'a cuppa tea'는 'a cup of tea'의 줄임말로 'a cup of tea'를 빨리 말하려다 보니 'cup of'가 'cuppa'로 줄여진 거죠. "Fancy a cuppa tea?"를 풀어서 말하면 "Do you want a cup of tea?"입니다. "차 한 잔 마실래?"라는 뜻이라는 걸 알 수 있죠. 여기서의 fancy는 want의 의미로 사용되었습니다. 차 한 잔을 원하냐고 물어보는 건 결국 차 한 잔 마실 거냐고 물어보는 의미죠.

ex: Do you fancy a cuppa tea? 차 한 잔 할래?
I fancy her. 난 걔가 좋아.

★ "Cheers, mate!" - "고마워!"

영국에서는 고맙다고 말할 때 "Thank you!"라고 말하기도 하지만 "Cheers!"라고도 종종 말합니다. 우리가 아는 "Cheers!"는 친구와 잔을 부딪치며 건배할 때 사용하는 표현이죠? 영국에서도 건배할 때 "Cheers!"라고 말하지만, 고맙다고 말할 때에도 똑같이 "Cheers!"라고 말합니다. 뒤이어 말하는 mate는 '친구'라는 뜻의 단어인데요. 영국에서는 친구를 friend 말고 mate라고 종종 말합니다. 그래서 친구에게 고맙다고 말할 때에는 "Cheers, mate!"라고 말하고, 간단하게 고맙다고 말할 때에는 "Cheers!"라고 말하면 된답니다.

ex: (선물을 받았을 때) It's lovely! Cheers, mate! 이거 멋지다! 고마워!

★ "Where's the loo?" - "화장실이 어디에 있어요?"

영국의 식당이나 카페에서 화장실 표지판을 보면 보통 'toilet'이라고 쓰여 있습니다. 영국에서는 보통 화장실을 toilet이라고 말하기 때문이죠. 그런데 영국에서는 화장실을 toilet 말고 loo라고 말하기도 합니다. 좀 더 회화적인 표현이죠. 그래서 아주 영국스럽게 화장실이 어디 있냐고 물어보고 싶을 때에는 "Where's the loo?"라고 물어볼 수 있습니다. 영국을 돌아다니다 보면 실제로 화장실 표지판에 'Loo'라고 적혀 있는 가게도 찾아볼 수 있죠.

ex. Where can I find the loo? 화장실이 어디인가요?

★ "I'm watching the telly." - "나 텔레비전 보고 있어."

텔레비전을 뜻하는 영어 단어인 television을 좀 더 영국스럽게 말하고 싶으면 telly라고 말하면 됩니다. 두 단어가 비슷해 보이지 않나요? 영국에서는 텔레비전을 television이나 TV라고 말하기도 하지만 회화 표현으로 telly라고 말하기도 합니다. 그래서 영국 사람이 "I'm watching the telly."라고 말하면, 이 사람이 텔레비전을 보고 있다고 이해하면 된답니다. 여기서 주의해야 할 점이 있는데요. telly라는 단어를 사용할 때에는 앞에 the를 붙여서 사용해야 합니다. 보통 텔레비전을 시청하고 있다고 말할 때 "I'm watching TV."라고 말하지만 영국 느낌을 살려서 telly라고 말할 때에는 the를 함께 사용하여 "I'm watching the telly."라고 말해야 하죠. 이것도 함께 기억하여 정확하게 표현하는 것 잊지 마세요!

ex: I watched it on the telly. 나 그거 텔레비전에서 봤어.

★ **"Bloody hell!" - "헐! / 아오, 젠장!"**

깜짝 놀라거나 화가 났을 때 우리는 "헐!", "젠장!"과 같은 표현을 사용하죠? 영국 사람은 이런 경우에 바로 "Bloody hell!"이라는 표현을 사용합니다. 여기서 bloody는 피와 관련된 이야기가 아니라 very를 의미합니다. 길을 걷고 있는데 친구가 갑자기 나타나 내가 깜짝 놀랐을 때, 혹은 어떤 일에 실패했을 때, "Bloody hell!"이라고 말할 수 있죠. 하지만 이 표현은 뉘앙스가 다소 강한 표현이 될 수도 있기 때문에 친한 친구 사이에서만 사용하는 게 좋습니다.

ex: That's bloody good! 이거 완전 좋다!

It's bloody cold! 대박 춥다!

Bloody hell! You freaked me out!
아오 놀래라! 너 때문에 깜짝 놀랐잖아!

★ "I'm totally knackered." - "나 완전 녹초가 됐어."

보통 피곤하다고 말할 때에는 tired라는 단어를 사용하죠? 그런데 피곤함을 넘어서 아주 녹초가 되었을 때 영국 사람들은 knackered라고도 말합니다. knackered는 '몹시 피곤하여 나가떨어졌다' 혹은 '녹초가 되었다' 라는 뜻입니다. 몹시 피곤하다는 걸 더더욱 강조하고 싶을 때는 '완전히'라는 뜻의 totally를 함께 사용해, "I'm totally knackered."라고 말하면 그냥 녹초가 된 게 아니라 완전 녹초가 됐다는 의미의 표현이 됩니다.

ex) I'm absolutely knackered! 나 완전 피곤해!

You look knackered! 너 완전 피곤해 보여.

★ "I'm easy." - "난 뭐든 괜찮아."

친구가 나에게 치킨을 먹을까, 피자를 먹을까 물어봅니다. 그런데 나는 어느 것을 먹어도 상관이 없습니다. 그럴 때 "I'm easy."라고 말하면 되죠. 영국영어의 회화 표현으로 "I'm easy."는 선택지가 있을 때 어느 쪽이든 괜찮다는 뜻입니다. easy가 흔히 '쉬운'이라는 뜻의 단어이므로 "I'm easy."를 "나는 쉬운 사람이야."라고 잘못 이해할 수도 있는데요. 그런 의미가 아니라 '어느 선택지든 괜찮다'라는 의미의 표현임을 기억하세요.

ex A: What shall we have for lunch? Chicken or pizza?
점심으로 뭐 먹을까? 치킨 아니면 피자?

B: I'm easy. You decide. 난 뭘 먹든 괜찮아. 니가 정해.

★ "Brilliant!" - "좋아!"

뭔가를 좋다고 말할 때 우리는 보통 good이나 great라는 단어를 사용합니다. 그런데 영국 사람들은 위의 단어들 말고 brilliant라는 단어도 정말 많이 사용합니다. brilliant는 '아주 좋은', '멋진'이라는 뜻의 단어인데요. 어떤 것이 멋지거나 좋을 때, 혹은 친구의 제안이 괜찮을 때 모두 "Brilliant!"라고 외칩니다.

ex: A: How was the food? 음식 어땠어?

B: It was brilliant! 좋았어!

★ "It's 10 quid." - "이건 10파운드야."

미국의 화폐는 달러($)이고 영국의 화폐는 파운드(£)입니다. 그래서 영국에서는 보통 물건의 가격에 대해 이야기할 때 pound라는 단어를 많이 사용하는데요. 예를 들어, 어떤 물건의 가격이 10파운드면 "It's 10 pounds."라고 말합니다. 그런데 회화 표현으로 파운드를 다르게 말하기도 하는데요. 바로 quid라고도 말합니다. 그래서 1파운드는 '1 quid', 10파운드는 '10 quid'가 되죠. quid를 사용할 때의 주의할 점이 있는데요. 1파운드든 10파운드든, 즉, quid가 단수든 복수든 뒤에 s를 붙이지 않고 똑같이 quid라고 말한다는 것입니다. 따라서 10파운드는 '10 quids'가 아니라 '10 quid'라고 말하니 이 점을 기억하세요.

ex: A: How much is it? 이거 얼마예요?

B: It's 10 quid. 10파운드입니다.

★ "That's a bit dodgy" - "그거 좀 의심스러운데."

어떤 영국 사람이 중고 자동차를 사기 위해 중고 자동차 매장에 가서 자동차를 살펴봅니다. 여러 자동차를 살펴보다가 마음에 드는 자동차를 발견하게 됩니다. 마침 직원이 다가와 이 자동차에 대한 이야기를 합니다. 예전 주인이 차를 별로 사용하지 않았고, 절대 고장 날 일도 없다고 말하죠. 그런데 이 차를 자세히 살펴보니 여기저기 긁힌 자국이 보입니다. 안을 살펴보니 별로 사용하지 않은 차라고 하기엔 꽤 낡아 보이죠.

차를 구석구석 살펴보니 직원이 더 살펴볼 필요도 없다며 이 차를 빨리 사라고 합니다. 이런 상황에 영국인은 이런 말을 하죠. "That's a bit dodgy." 앞서 이야기한 상황처럼 뭔가 수상할 때, 혹은 누군가가 거짓을 이야기하고 있는 것 같을 때 이 표현을 사용합니다. dodgy가 '수상한' 혹은 '정직하지 못해 보이는'이라는 뜻의 단어죠.

ex: It's too cheap. That's a bit dodgy. 이거 너무 싼데. 좀 의심스러워.

★ "I'm gutted!" - "나 아주 처참해! / 나 완전 실망이야!"

축구 경기장에 가서 축구를 관람하는데 내가 응원하는 팀이 한 골도 넣지 못하고 완전히 패배했을 때, 혹은 내가 좋아하는 사람에게 고백을 했는데 거절을 당했을 때, 또는 내가 열심히 준비한 시험을 망쳤을 때의 기분은 어떨까요? 실망을 넘어서 아주 처참한 기분일 것 같습니다. 이럴 때 사용하는 영국식 회화 표현이 바로 "I'm gutted!"입니다. gutted는 '아주 실망한', '처참한'이라는 뜻을 가진 단어인데요. "나 실망했어."라는 뜻의 "I'm disappointed."보다 훨씬 더 실망한 기분이 클 때 사용할 수 있는 표현입니다.

ex: We lost the game. I'm gutted! 우리가 경기에서 졌어. 나 완전 실망이야!

★ "Stop taking the mickey!" - "나 그만 좀 놀려!"

영국영어 표현 중에서 'take the mickey'라는 표현이 있습니다. 이 표현은 누군가를 놀린다는 뜻의 표현이죠. 특히, 놀리는 것 중에서도 누군가를 바보로 만들며 놀리는 것을 의미합니다. 예를 들어, 한 친구가 실수로 바보 같은 말을 했는데 다른 친구들이 계속 그 바보 같은 말을 따라하며 그 친구를 놀릴 때 'take the mickey'하는 상황이 되는 거죠. 이 표현에서 구체적으로 누구를 놀리는지 말하고 싶을 때에는 뒤에 'out of'와 놀림의 대상이 되는 사람을 넣어주면 됩니다. 예를 들어, "He's taking the mickey out of me."라고 말하면 "걔가 나를 놀리고 있어."라는 뜻이 되겠죠.

ex: Are you taking the mickey out of me? 너 나 지금 놀리는 거야?

★ "Blimey!" - "헐! / 깜짝이야!"

여러분은 깜짝 놀랐을 때 보통 영어로 어떻게 말하나요? 깜짝 놀랐을 때 쓰는 표현으로는 흔히 "Oh my god!"이라는 표현이 있고, 아니면 간단하게 "Oh!"라고 말할 수도 있습니다. 그런데 영국 사람들은 깜짝 놀랐을 때 이런 표현 말고 "Blimey!"라고 말하기도 합니다. 예를 들어, 길을 걷다가 갑자기 비가 쏟아져서 쫄딱 젖게 될 때 깜짝 놀라서 "Blimey!"라고 외치거나, 친구가 이상한 옷을 입고 나타났을 때 깜짝 놀라며 "Blimey!"라고 말할 수 있겠죠.

ex: Bilmey! You look totally different today!
헐! 너 오늘 완전 달라 보인다!

★ "Spot on!" - "딱 맞아!"

파티에서 처음 만난 친구가 나에게 자신의 나이를 맞혀보라고 합니다. 곰곰이 생각해 본 후 "26살?"이라며 추측해 봅니다. 정답! 26살이 맞습니다! 이럴 때 영국식 회화 표현으로 "Spot on!"이라고 말할 수 있죠. 어떤 것이 정확하게 딱 맞을 때 사용하는 표현입니다. spot은 '점' 혹은 '특정한 장소'를 뜻하는 단어이고, on은 '~ 위에'라는 뜻의 단어인데요. spot on을 말 그대로 해석해 보면 '점 위에'라는 뜻이니까, 작은 점 위에 정확하게 뭔가가 딱 꽂히는 모습을 상상하며 '딱 맞다'라는 뜻으로 이 표현을 이해할 수 있겠죠.

ex: His explanation is absolutely spot on! 걔 설명이 딱 맞아!

요즘 영국 런던 지역 젊은 사람들이 쓰는 영국 표현

우리말 표현 중에서도 요즘 젊은 사람들이 유행어처럼 많이 쓰는 표현이 따로 있듯이, 영국에서도 요즘 젊은 사람들이 많이 쓰는 표현이 있는데요. 이러한 영어 표현을 흔히 다문화 런던 영어(Multicultural London English)라고 합니다. 런던에는 다양한 문화권의 사람들이 함께 살다 보니 런던 지역 특유의 영어가 생겨났는데요. 특히, 영국에서 흑인 음악이 유명해지면서 자메이카 지역 방언(Jamaican Patois)과 같이 흑인이 사용하는 말을 젊은 영국 사람들이 사용하기 시작했습니다. 그렇게 시간이 흐르며 다문화 런던 영어라고 하는, 요즘 영국 애들이 쓰는 말이 생겨난 건데요. 그럼 아래의 예시들을 보며 요즘 영국에서 젊은 사람들이 사용하는 영국영어 표현을 살짝 맛보도록 하겠습니다.

▼ 동영상 바로 가기

★ "That was bare cool!" - "겁나 쩔어!"

영어 단어 'bare'는 원래 벌거벗은 모습을 이야기할 때 사용하는 단어인데요, 영국의 젊은 사람들은 'bare'를 다른 의미로 사용하기도 합니다. 바로 '매우, 아주'와 같은 의미로 사용하는데요. 어떤 말을 좀 더 격하게 표현하고 싶을 때 'Bare cool', 'Bare nice'처럼 해당되는 단어 앞에 'bare'를 붙여서 표현할 수 있습니다. 단순히 "That was cool!"이라고 하면 "좋네!" 라고 표현하게 되지만 "That was bare cool!"이라고 하면 "아주 좋네!", 혹은 요즘 말로 "겁나 쩔어!"라고 표현할 수 있게 되죠. 또, 'bare'를 활용하는 표현 중에서 "Bare jokes"라는 표현도 있는데요. '아주 웃기다'라는 의미의 표현입니다. 'jokes'는 원래 '농담'을 의미하는 단어인데요. 이 'jokes'라는 단어가 'bare'라는 단어와 만나서 "Bare jokes"라는 표현이 되면 뭔가가 아주 웃기다는 뜻이 된답니다.

ex: That was bare nice! 엄청 좋구만!

It's bare hot today! 오늘 열라 더워!

That was bare jokes! 넘나 웃겨!

★ Fam / Blud / Bruv - "친구"

영국에서는 젊은 친구들끼리 서로를 부를 때 다양한 호칭을 사용하는데요. 요즘 젊은 영국 사람은 'fam', 'blud', 'bruv'와 같은 단어를 '친구'라는 뜻으로 사용합니다. 앞서 배운 영국 영어 단어인 'mate'와 같은 뜻으로 사용하는 거죠. 이 세 단어의 기원에 대해서는 여러 가지 주장이 있는데요. 가장 유력한 주장으로는, 단어 'fam'이 가족을 뜻하는 단어인 'family'에서 왔다는 주장이 있습니다. 또, 단어 'blud'는 혈통을 뜻하는 단어인 'blood', 혹은 친구를 뜻하는 단어인 'bredren'에서 왔다는 주장이 있고, 단어 'bruv'는 형제를 뜻하는 단어인 'brother'에서 왔다는 주장이 있습니다. 어찌됐든 가족이나 형제를 뜻하는 단어의 의미가 넓어져 친구를 뜻하는 말로 바뀌게 된 것 같네요.

ex: What are you doing, fam? 어이, 뭐 하냐?

It's bare hot, blud! 야, 오늘 열라 더워!

He's my bruv. 얘는 내 친구야.

★ "Safe, fam." - "어, 좋아."

우리가 흔히 알고 있는 단어인 'safe'는 '안전한'이라는 의미의 단어죠? 하지만, 요즘 젊은 영국 사람들 사이에서는 이 단어가 '좋다', 혹은 '멋지다'라는 의미로 사용됩니다. 그래서 뭔가가 멋지다고 이야기할 때 "That's safe.", 혹은 단순히 뭔가가 좋다고 말할 때 간단하게 "Safe." 한 마디만 건네기도 하죠.

ex: A: How's your day, blud? 오늘 어떻게 보내고 있냐?

B: Safe, fam. Safe. 어. 좋아 좋아.

★ "It's so bait!" - "빤히 다 보이거든!"

'bait'는 원래 '미끼'를 뜻하는 단어인데요, 젊은 영국 사람들은 이 단어를 '빤히 다 보이는', '명백한'이라는 뜻으로 사용합니다. 예를 들어, 내 초콜릿이 없어져서 친구에게 내 초콜릿을 봤냐고 물어봤는데 그 친구는 잘 모르겠다고 말을 합니다. 그런데 친구가 입을 오물거리길래 자세히 살펴보니 친구의 입에 초콜릿이 묻어있죠. 그럴 때 내 초콜릿을 먹은 사람이 친구라는 게 빤히 보인다면서 "It's so bait!" 라고 말할 수 있습니다.

ex: It's so bait, fam! You ate my chicken nuggets!
야, 빤히 다 보이거든! 네가 내 치킨너겟 먹었잖아!

★ "That was dry." - "노잼이다."

우리가 '건조하다'라는 뜻으로 알고 있는 단어 'dry'는 영국 사람들 사이에서 '지루하다'라는 뜻으로도 사용됩니다. 요즘 우리가 흔히 쓰는 말인 '노잼'이 영어 단어 'dry'의 의미와 비슷한데요. 예를 들어, 친구와 관람한 축구 경기가 딱히 재미있지 않고 지루했을 때 "It was dry."라고 말할 수 있겠죠. 뭔가가 재미없고 지루하면 공기가 메말라지는 느낌을 상상하며 단어 'dry'를 기억하시면 될 것 같습니다.

ex: That joke was bare dry! 저 농담 완전 노잼이다!

★ "Oi, allow it!" - "야, 됐어. 그만 해!"

'allow'는 보통 '허락하다'라는 뜻으로 우리가 알고 있죠? 그런데 젊은 영국 사람들은 'allow'라는 단어를 활용하여 "Allow it"이라는 표현을 사용하는데요. 이 표현은 뭔가를 허락한다는 뜻이 아니라 "그만해." 혹은 "됐어."라는 뜻입니다. 예를 들어, 친구가 자꾸 나를 귀찮게 할 때 그만 하라는 말을 하기 위해 "Allow it!"이라고 말할 수 있겠죠. 혹은, 친구가 야식으로 햄버거 먹으러 가자고 말하는데 나는 별로 땡기지 않을 때 "됐어."라는 의미로 "Allow it."이라고도 말할 수 있습니다.

ex: A: Let's go get some hamburgers, bruv!
야, 우리 햄버거 먹으러 가자!

B: Nah man. Allow it, fam. 글쎄다. 난 됐어.

이렇게 요즘 젊은 영국 사람들이 쓴다고 알려진 영국 회화 표현들을 알아보았는데요. 이 표현들은 친한 친구들끼리만 사용하는 표현이기 때문에, 친구가 아닌 다른 사람들과 대화를 나눌 때에는 이 표현을 사용할 때 주의하셔야 합니다. 혹시나 무례해질 수도 있는 표현이니까요. 그리고 이 표현들은 영국 사람들이 쓰는 표현이긴 하지만 여러분께서 이걸 달달 외워서 꼭 써야 하실 필요는 없습니다. 여러분께 알려드린 이 표현은 여러분께서 영국 현지인들이 혹시나 이런 표현을 사용하는 걸 들으셨을 때 이해하실 수 있을 정도로만 기억해두시면 좋을 것 같습니다. 혹시나 미래에 정말 친한 영국인 친구가 생겼을 때, 이번에 학습한 내용을 이용해서 여러분들이 좀 더 요즘 사람 같은 느낌을 풍기면서 대화를 하실 수 있기를 바랍니다.

Talk with Korean Billy

POINT

자, 지금까지 저와 함께 미국 영어와 영국 영어의 차이점을 알아보며 영국 영어에 대해 전반적으로 배워 봤는데요. 앞서 배운 영국영어 표현들 중 몇 가지 표현들을 다시 연습해 볼까요?

1. 커피 한 잔 할래?	Do you ________ a cup of coffee?
2. 나 텔레비전 보고 있어.	I'm watching the ________.
3. 나 완전 녹초가 됐어.	I'm totally ________.
4. 난 뭐든 괜찮아.	I'm ________.
5. 그거 좀 의심스러운데.	That's a bit ________.
6. 나 시험에서 떨어졌어. 완전 실망이야!	I failed the test. I'm ________.

*정답을 모르겠다면 책 앞부분을 다시 한 번 살펴보세요!

코리안빌리에게 궁금한 점

★ ★ ★

코리안빌리의 Q&A

코리안빌리의 Q&A

이 책을 마무리하기 전에 평소에 주변에서나 유튜브 구독자 분들에게서 자주 받은 질문을 토대로, 여러분께 들려드리고 싶었지만 본문에는 담지 못했던 이야기들을 부록에 담았습니다. 주관적인 답변일 수 있지만 제 솔직한 답변들이 도움이 되었으면 좋겠습니다.

Q1 토익이나 아이엘츠, 토플 같은 영어 시험을 공부하는 것도 영어에 도움이 되나요?

A 절반은 맞고, 절반은 틀리다고 말할 수 있을 것 같습니다. '영어 시험 공부'라 하면 보통, 시험 문제의 유형을 파악한 뒤, 많은 문제를 빠르고 정확하게 풀어나가는 연습을 하는 게 주된 공부죠? 그래서 이러한 방법을 사용하는 영어 공부는 영어 회화 실력에 직접적으로나 즉각적으로 보탬이 되는 경우는 많지 않습니다. 일상 속에서 영어로 대화를 나누는 건 시험 문제를 푸는 게 아니니까요. 반대로 생각해 보면, 영어 회화 공부를 한다고 해서 영어 시험 점수가 무조건 오르는 것도 아닙니다. 다양한 공부 방법 중 자신의 영어 공부 목표에 맞는 공부 방법을 활용하는 것이 중요하겠죠.

하지만 영어라는 게 '토익 영어 / 회화 영어', 혹은 '영어 듣기 / 영어 말하기' 이런 식으로 완전히 다른 분야처럼 떨어져 있는 게 아닙니다. 모두 "영어"라는 언어를 사용하는 것이기 때문에 모든 분야가 서로 직접적으로나 간접적으로 연결되어 있죠. 그래서 영어 시험을 공부하는 게 당장 영어 회화 실력에 도움이 되진 않을지라도 전반적인 영어 실력엔 반드시 보탬이 되기 때문에, 길게 봤을 때에는 결국 영어에 도움이 되는 거죠. 그래서 절반은 맞고, 절반은 틀리다고 할 수 있을 것 같습니다.

Q2 어릴 때 유학을 가는 게 필수적일까요?

A 지금까지 제 이야기를 쭉 읽어 보셨다면 이 물음에 대한 해답을 어느 정도 찾으시지 않았을까 싶어요. 어릴 때 유학을 가는 게 필수적인 건 아닙니다. 그리고 사실 유학이라는 건 그냥 간다고 해서 저절로 수많은 걸 얻을 수 있는 게 아니라, 정확한 목표를 세운 뒤 외국 생활을 잘해야 뭔가 하나라도 얻을 수 있는 것이죠. 물론 어릴 때 유학을 가면 자연스럽게 영어를 사용하는 환경 속에서 지낼 수 있으니, 영어 실력을 비교적 쉽게 향상시킬 수 있습니다. 하지만 영어 실력을 향상시키는 건 요즘 한국에서도 충분히 가능한 일이기 때문에 영어 공부를 하기 위해 유학을 가는 게 필수적인 건 아닙니다.

저는 개인적으로 유학을 너무 어릴 때 가는 것보다 어느 정도 나이를 먹은 뒤에 가는 게 더 좋다고 생각해요. 다양한 것을 접하고 배워가며 잘하는 게 뭔지, 관심있는 게 뭔지 어느 정도 발견한 뒤에 유학을 가는 거죠. 그래야 자신이 유학을 가게 되는 목표도 뚜렷하게 정할 수 있고, 외국에서 유학 생활을 할 때 보고 느끼는 것도 더 많아지기 때문이죠. 아는 만큼 보이니까요. 하지만 어릴 때 다양한 문화를 접하는 것도 아주 좋은 경험이기 때문에 어느 것이 더 좋다고 단언할 수는 없습니다. 결론적으로, 유학을 가는 게 필수는 아니지만 유학을 잘 갔다 오면 인생에 있어서 어떤 식으로든 큰 보탬이 됩니다.

Q3 영어 발음이 그렇게 중요한가요?

A 사실 저는 영어 발음이 좋아서 나쁠 건 없다고 생각합니다. 영어 발음이 좋을수록 자신이 전달하고자 하는 말을 좀 더 명확하게 전달할 수 있겠죠? 또, 어떤 사람이 좋은 영어 발음으로 말을 하면 괜히 그 말에 더 믿음이 가기도 합니다. 하지만 아나운서처럼 말하는 것을 직업으로 삼지 않는 이상, 영어 공부를 하는 모든 사람이 꼭 완벽한 영어 발음을 가질 필요는 없다고 생각합니다. 발음이 완벽하지 않다고 해서 영어로 의사소통을 전혀 못 하는 건 아니니까요.

물론, 발음을 잘못하여 전하고자 하는 말의 의미가 완전히 잘못 전달되는 경우도 있지만, 영어 발음의 포인트를 파악하여 본인 나름대로 영어 발음을 최대한 살려서 말한다면 영어로 의사소통하는 데에는 아무 문제가 없습니다. 원어민도 우리가 완벽하게 영어 발음을 하지 않고, 한국식으로 영어 발음을 한다고 해서 전혀 이상하다고 생각하지 않죠. 의사소통이 될 정도로만 발음을 구사하여도 괜찮으니, 발음 공부에 대해 너무 스트레스 받지 않아도 됩니다. 하지만 여유가 된다면 정확한 영어 발음으로 말하기를 연습해 주세요!

Q4 한국 사람이 영국식 발음을 쓰면 원어민이 비웃나요?

A 우리가 어눌한 한국어를 사용하는 외국인을 보고 비웃지는 않죠? 저는 어눌하지만 한국어로 말하려고 노력하는 외국인을 보면 오히려 고맙다는 생각이 들어요. 그래서 그 외국인의 말에 더 귀 기울여 듣고, 그 외국인과 더 열심히 의사소통을 하려고 노력하게 됩니다. 원어민도 마찬가지죠.

우리가 어색한 영국식 발음으로 원어민에게 말하면, 그 원어민은 어색한 발음에 대해 전혀 신경 쓰지 않고, 단순히 무슨 말을 전달하려 하는지에 집중하며 우리의 말에 귀 기울여 들어주죠. 그건 어색한 미국식 발음으로 원어민에게 말할 때에도 똑같습니다. 물론, 어색한 발음에 대해 조롱을 하는 무식한 사람들도 아주 드물게 있지만, 그건 그 무식한 사람들의 문제일 뿐, 외국어를 조금이라도 제대로 구사하기 위해 노력하는 사람의 문제가 전혀 아닙니다. 그러니 발음 때문에 기죽지 않으셨으면 좋겠습니다.

Q5 미국 사람에게 영국영어로 말하면 못 알아 듣나요?

A 앞서 살펴본 것처럼 미국영어와 영국영어 사이에는 여러 가지 차이점이 있지만, 사실 의사소통이 아예 안 될 만큼 차이가 큰 건 아닙니다. 우리가 북한 사람의 말을 거의 이해할 수 있듯이, 미국 사람과 영국 사람이 서로의 언어를 사용해도 의사소통에 큰 문제가 생기진 않습니다.

그리고 요즘엔 미국 사람이 영국 매체를 많이 접하고, 영국 사람도 미국 매체를 많이 접하기 때문에 이미 서로 다른 영어에 대해 상식적으로 알고 있는 경우가 많이 있죠. 그래서 미국 사람에게 정말 심한 영국 억양으로 말하거나 지역 사투리로 말하지 않는 이상 웬만하면 영국영어를 다 알아 듣습니다. 영국 사람에게 미국영어로 말해도 마찬가지겠죠.

Q6 사투리를 쓰면 영어 발음하기가 더 쉽나요?

A 저는 부산 사람이라서 어렸을 때부터 부산 사투리를 사용하며 자랐는데요. 사람마다 다르겠지만, 제가 사투리를 써서 영어 발음을 더 쉽게 배울 수 있었던 건 어느 정도 맞는 말인 것 같습니다. 정확히 말하자면 영어 발음이 아니라 영어의 억양을 더 쉽게 할 수 있게 해 주었죠. 한국어에는 특유의 억양이 있는 것처럼 영어에도 영어만의 억양과 어조가 있으니까요.

한국 사람이 영어로 말할 때 어려움을 느끼는 이유 중 하나가 바로 원어민처럼 영어 억양을 살려서 말하는 게 어렵기 때문입니다. 한국어로 말할 때에 비해 영어로 말할 때는 억양이 좀 더 다이나믹한데요. 특히 우리말의 표준어 억양과 비교해 보면 영어 억양은 롤러코스터를 타는 것처럼 오르락내리락 하는, 아주 다이나믹한 억양입니다. 하지만 사투리처럼, 우리말 사투리를 사용하는 사람은 이 억양을 좀 더 잘 살릴 수 있습니다. 사투리는 표준어보다 억양이 더 심한 편이기 때문이죠. 저도 부산에서 자라며 평상시에 말의 높낮이가 심한 억양을 사용했기 때문에, 영어로 말할 때에도 그런 억양을 살리는 게 그렇게 어색하지 않았습니다.

중요한 점은 이것입니다. 우리말 억양보다 영어 억양은 훨씬 다이나믹합니다. 그러니까 영어로 말할 때 부끄러워하지 마시고, 한국어로 말할 때의 자신을 뛰어 넘어, 롤러코스터를 타듯이 말하는 연습을 꼭 해야 제대로 된 영어 억양에 좀 더 가까워질 수 있어요.

Q7 영어 공부를 위해 추천하는 유튜브 채널은?

A 저도 영어 공부에 도움이 될 만한 유튜브 영상을 제작하고 있긴 하지만, 사실 활용하기에 따라 모든 유튜브 영상이 좋은 영어 교재가 될 수 있는 것 같아요. 무엇보다 중요한 건 자신의 흥미에 맞는 영상을 시청하는 게 가장 좋은 것 같습니다. 예를 들어, 자신이 요리에 관심이 있다면 원어민이 요리를 하는 영상을 시청하며 영어 표현을 배워볼 수도 있겠죠. 본인의 흥미에 맞는 영상이니 집중하여 오래 시청할 수도 있고요.

혹은 '나도 이 사람처럼 영어를 하고 싶다.'라는 생각이 드는 롤 모델을 정해, 그 롤 모델과 관련된 유튜브 영상을 시청할 수도 있습니다. 내가 롤 모델로 정한 사람이 말하는 영상이기 때문에 좀 더 집중해서 영상을 시청할 수 있고, 영상을 시청하며 배울 점을 찾을 수 있을 겁니다. 어떤 유튜브 영상이든 간에 본인이 공부하려는 자세를 가지고, 영상을 꾸준히 집중하며 시청하면 그 영상이 어떻게든 영어 공부에 보탬이 됩니다.

구체적으로 영어를 가르쳐 주는 유튜브 채널을 추천해 드리자면, 영국인 선생님이 영어를 가르쳐 주는 "English with Lucy" 채널과 "Learn English with Papa Teach Me", "Eat Sleep Dream English" 채널을 추천해 드립니다. 원어민 선생님의 영상을 시청하는 게 아직은 어려우시다면 한국인 선생님의 유튜브 채널을 활용하는 것도 좋은데요. 한국인 선생님이 영어를 가르쳐 주는 채널로는 "라이브 아카데미" 채널을 추천해 드립니다.

사실 제가 언급한 채널 외에도 좋은 채널이 정말 많이 있고, 또 각자에게 맞는 채널이 따로 있을 수도 있는데요. 그렇기 때문에 자신의 흥미에 맞는 다양한 유튜브 채널을 한번 찾아보시고, 아까 말씀드린 것처럼 이 채널들을 잘 활용하신다면 영어 공부에 도움을 받으실 수 있을 것 같습니다.

Q8 영국영어를 공부하기 좋은 영국 영화나 드라마 추천해 주실 수 있나요?

A 제가 영국영어를 공부해오면서 정말 많은 영국 영화와 드라마를 시청했기 때문에 여러분께 추천해 드리고 싶은 작품은 무궁무진하게 많이 있지만, 그 중 몇 가지를 추려서 추천해 드릴게요.

일단 추천해 드릴 영국 영화부터 쭉 나열해 보자면 아래와 같습니다.

1) 킹스 스피치(The King's Speech)
2) 어바웃 어 보이(About a Boy)
3) 런던 시계탑에서 첫사랑을 찾을 확률(Man Up)
4) 패딩턴(Paddington)
5) 빌리 엘리어트(Billy Elliot)

위의 영화 외에 〈해리포터〉 시리즈나 〈브리짓 존스의 일기〉, 〈어바웃 타임〉과 같은 영화도 추천해 드리는데요. 이 영화들은 이미 잘 알려져 있기 때문에 위의 다섯 영화를 추천해 드립니다. 다섯 가지 영화 모두 영국을 배경으로 이야기가 그려지는 영화이고, 또, 다양한 영국영어를 들어볼 수 있는 영화인데요. 〈킹스 스피치〉 같은 경우에는 시대극이긴 하지만 영화 주제 자체가 영어로 말하는 것과 관련된 주제이기 때문에 영국영어에 집중해서 잘 들어볼 수 있는 영화입니다. 그리고 〈어바웃 어 보이〉와 〈런던 시계탑에서 첫사랑을 찾을 확률〉은 일상적인 내용이 많이 등장하고 가볍게 볼 수 있는 내용이라 영어 회화 공부에 도움을 받을 수 있을 것 같고요. 〈패딩턴〉은 전체 관람가 등급의 영화이기 때문에 비교적 쉬운 영어 표현이 많이 등장합니다. 귀여운 패딩턴 캐릭터를 보며 부담스럽지 않게 시청할 수 있는 영화죠. 〈빌리 엘리어트〉는 영국 북부 지역을 배경으로 한 영화라서 우리가 흔히 알고 있는 영국영어가 아니라 독특한 영국 지역 사투리를 들어볼 수 있는 영화입니다.

이어서 여러분께 추천해 드리는 영국 드라마로는 아래와 같습니다.

1) 휴먼스(Humans)
2) 아이티 크라우드(The IT Crowd)
3) 미란다(Miranda)
4) 데리 걸스(Derry Girls)
5) 멀린(Merlin)
6) 셜록(Sherlock)
7) 인 더 플레쉬(In the Flesh)
8) 프레스(Press)

위의 드라마는 각 드라마별로 장르와 배경이 다양하기 때문에 본인의 취향에 맞춰서 시청하시면 좋을 것 같은데요. 특히 〈아이티 크라우드〉와 〈미란다〉, 〈데리 걸스〉는 코미디 장르의 드라마여서 많이 어렵지 않고 일상적인 내용의 영어 표현이 많이 등장합니다. 그래서 가볍게 시청하실 수 있는 드라마죠. 〈휴먼스〉와 〈인 더 플레쉬〉는 영국 특유의 진지한 감성을 느껴볼 수 있는 드라마인데요. 〈휴먼스〉에는 인조인간이, 그리고 〈인 더 플레쉬〉에는 좀비가 등장합니다. 그래서 독특한 소재와 영국 특유의 진지하지만 매력적인 분위기를 느껴보고 싶으시다면 이 두 가지의 드라마를 추천해 드립니다. 또 〈멀린〉 같은 경우에는 마법사 멀린 캐릭터와 아서왕 캐릭터가 등장하는 시대극인데요. 우리나라 사극을 시청하면 사극 특유의 말이 등장하듯이 〈멀린〉에서도 영국 시대극만의 영어 표현들을 들어볼 수 있습니다. 물론 요즘에 쓰는 말도 함께 들을 수 있죠. 마지막으로 〈셜록〉과 〈프레스〉는 경찰 수사 및 언론 취재와 같은 전문적인 내용이 등장하는 드라마이기 때문에, 좀 더 수준 높은 영어를 들으실 때 도움이 될 것 같습니다.

영화나 드라마를 통해 영어 공부를 하는 것에는 한 가지 정답이 있는 게 아니기 때문에, 자신의 흥미에 맞는 영화와 드라마를 찾아서 오랜 기간 동안 등장인물이 사용하는 영어에 관심을 많이 갖는 게 가장 중요합니다. 영어 공부는 긴 시간 동안 해나가는 것이기 때문에 영화나 드라마를 시청하며 영어 공부하는 것도 본인의 흥미에 맞고 지속 가능한 방법이 되어야 좋습니다.

Q9 영어 공부하기 좋은 영어 교재를 추천해 주실 수 있나요?

A 사실 저는 케임브리지 대학교 출판부에서 만든 'In Use' 시리즈를 정말 좋아하고, 많은 분들께 추천합니다. 이 시리즈의 대표 서적으로는 〈Grammar in Use〉가 있는데요, 'In Use'라는 타이틀에 맞게 실생활에 쓰이는 문법을 가르쳐 주는 교재입니다. 영어 문법에 대한 모든 것이 담겨있는 교재라고 볼 수 있는데요. 초급, 중급, 고급 난이도가 나눠져 있어서 처음 이 시리즈를 시작하실 때에는 초급부터 차근차근 시작하시는 게 좋을 것 같습니다. 본인이 문법에 대해 잘 알고 있다고 생각하고 있어도 분명히 문법에 대해 내가 놓치고 있는, 문법 지식의 구멍이 있을 수 있기 때문에 초급 문법 교재부터 차근차근, 탄탄히 문법 실력을 쌓아 올리는 게 중요합니다.

이 시리즈의 다른 교재로는 〈Vocabulary in Use〉가 있는데, 이 도서는 실생활에서 만날 수 있는 영단어를 다루는 교재입니다. 여러 가지 영단어를 주제에 맞게, 그리고 여러 그림 자료를 사용하여 가르쳐 주기 때문에 영단어 하나하나를 기억하기 쉽게 알려줍니다. 이 교재도 레벨이 나눠져 있어서 처음부터 차근차근 시작하시면 좋을 것 같습니다. 단어장을 만들어 나가면서 이 영단어 교재를 활용하시면 좋을 거예요.

그 외에 발음을 배울 수 있는 〈English Pronunciation in Use〉와 구동사를 배울 수 있는 〈English Phrasal Verbs in Use〉 등 다양한 교재가 있는데요. 저는 이 시리즈의 교재들이 제 영어 실력에 큰 보탬이 되었습니다. 이 시리즈는 케임브리지 대학교에서 만든 시리즈라서 영국영어를 배울 수 있는 장점도 있는데요. 〈Grammar in Use〉 같은 경우에는 미국영어를 기준으로 문법을 배울 수 있는 버전도 있고, 한국어판도 있으니 본인의 기호에 맞게 교재를 골라도 좋을 것 같습니다.

영어 실력, 특히 영어 어휘력이 어느 정도 쌓인 분들께는 〈Word Power Made Easy〉라는 책을 추천해 드립니다. 이 책은 오직 영어 단어만 파고드는 책인데요. 특히 영어 단어의 어근과 접사에 대해 가르쳐 주면서, 어려운 영어 단어를 만나더라도 어느 정도 뜻을 유추할 수 있도록 도와주는 책입니다. 고급 어휘력을 쌓는 데에 큰 도움이 되는 책이죠.

사실 영어를 배울 수 있는 책은 꼭 영어 교재가 아니어도 괜찮습니다. 영어 교재를 보는 게 너무 지루하다면, 영어로 된 소설이나 수필을 읽어보셔도 좋습니다. 그런데 영어를 공부하는 사람의 입장에서 두꺼운 영어 원서를 읽는 건 쉬운 일이 아니기 때문에, 영어 원서를 읽으실 때에는 비교적 쉬운 영어 표현이 등장하는 유아용 책이나 청소년용 책을 읽으시는 게 좋습니다. 유치하다고 생각할 수도 있지만, 사실 영어를 배우는 사람의 영어 수준은 어린이 수준이기 때문에, 책을 읽는 것도 어린이 수준의 책을 읽는 게 좋죠. 예를 들어, 저는 〈Who Moved My Cheese?(누가 내 치즈를 옮겼을까?)〉를 읽기도 했는데요. 책이 얇고 쉬워서 부담없이 읽을 수 있었습니다.

제가 영어 교재들을 추천해 드리긴 했지만 영어 교재에 있어서는 정답이 정해져 있는 게 아니기 때문에, 본인에게 맞는 교재를 끊임없이 찾아나가는 게 중요합니다. 나만의 교재를 찾는 과정을 즐기다 보면 어느새 나에게 도움이 되는 교재를 찾으실 수 있을 겁니다.

Q10 코리안빌리만의 영국 여행 추천지는?

A 많은 분들께서 '영국 여행' 하면 영국의 수도인 런던만 떠올리시죠. 물론 저도 런던을 좋아합니다. 런던에서는 할 수 있는 게 무궁무진하게 많으니까요. 하지만 저는 '진짜 영국'을 느끼고 싶다면 꼭 런던 밖으로 나가 보라고 말씀드리고 싶어요.

영국에는 런던 외에 너무나 멋진 곳들이 많습니다. 제가 개인적으로 좋아하는 여행지는 영국 북부 지역인데요. 영국 북부 지역 중 북서쪽에 "리버풀"이 있습니다. 제가 정말 추천하는 여행지입니다. 리버풀은 영국의 대표적인 항구 도시인데요. 강이 아니라 바다를 볼 수 있는 곳이라 런던과는 사뭇 다른 분위기를 풍기죠. 리버풀은 영국의 전설적인 밴드 비틀즈가 탄생한 곳이기도 합니다. 그래서 그런지 리버풀은 문화적으로도 아주 발달되어 있는 곳입니다. 저는 리버풀이 영국의 부산 같은 곳이라고 생각하기도 해요.

또, 영국 북동쪽 지역의 추천 여행지로는 요크를 꼽을 수 있을 것 같아요. 요크는 요크셔 주 안에 있는 도시인데, 영국의 차 문화를 제대로 느껴볼 수 있고, 영국 느낌이 물씬 풍기는 건물과 풍경을 볼 수 있는 곳입니다.

그리고 혹시 그거 아시나요? 우리가 흔히 "영국"이라고 하는 "The United Kingdom"에는 런던이 있는 "잉글랜드" 뿐만 아니라 "스코틀랜드"와 "웨일스", 그리고 "북아일랜드"가 포함되어 있습니다. 그래서 영국 여행을 제대로 해 봤다고 말하려면 적어도 "스코틀랜드"와 웨일스 여행을 한 뒤에 말해야겠죠? 스코틀랜드의 수도인 "에딘버러"에 가시면 런던과는 완전히 다른 분위기를 느낄 수 있습니다. 런던과 같은 잉글랜드 지역은 평지인 것에 비해, 스코틀랜드 지역은 산이 많아서 경사진 길이 많습니다. 그래서 두 지역의 풍경도 완전히 다릅니다. 웨일스의 수도는 카디프인데요. "카디프"는 수도이지만 런던에 비해서는 아주 작은 도시라서 런던과는 또다른 느낌을 가지고 있습니다. 웨일스의 수도인 만큼 웨일스의 느낌을 확실히 느낄 수 있는 곳이기도 하죠.

사실 영국을 너무나 좋아하는 저로서는 추천해 드리고 싶은 영국 여행지가 너무 많아 책을 한 권 더 쓸 수 있을 지경입니다. 하지만 다시 한 번 말씀드리자면, 런던 외에도 너무나 멋진 곳이 많기 때문에 오히려 "진짜 영국"을 느껴보고 싶다면 런던에서 멀리 떨어진 곳으로 여행해 보는 것을 추천해 드립니다.

Q11 영국과 같은 해외에서 하면 안 되는 행동 같은 게 있을까요?

A 영국과 같은 서양 문화와 우리나라 문화는 다른 점이 꽤 있기 때문에, 나도 모르게 영국 사람이 오해할 수 있는 행동을 할 수도 있는데요. 대표적인 예로는 상대방의 나이나 연애 문제와 같은 사적인 걸 물어보는 것입니다. 우리나라 문화에서는 어느 정도 대화를 나눈 뒤에 나이를 물어보거나 사귀는 사람이 있는지 물어보는 경우가 때때로 있지만, 서양 문화에서는 나이나 연애 문제에 대해 이야기하는 게 꽤 사적인 주제이기 때문에 자칫 잘못하면 상당히 무례하게 들릴 수 있습니다. 서양 문화는 개인주의 성향이 우

리나라에 비해 뚜렷하기 때문에, 서로에게 개방적이고 친근하게 다가가되 서로 지켜야 할 선은 철저히 지키죠.

영국 사람과 같은 외국인이 오해할 수 있는 또 다른 행동으로는 상대방의 외모에 대해 지적하는 것입니다. 우리는 가끔씩 칭찬의 의미로 상대방에게 몸매가 날씬하다거나 얼굴이 작다고 말하기도 하는데요. 서양 사람들에게는 칭찬으로 하는 말이라도 외모에 대해 언급하는 것이 무례하다고 간주될 수 있습니다. 칭찬마저 그렇게 생각하는데 살 좀 빼라고 말하거나 얼굴이 퉁퉁 부었다고 말하면 무례의 극치겠죠? 정 상대방을 칭찬하고 싶다면 얼굴이나 몸매에 대한 칭찬이 아니라, 상대방이 입고 있는 옷이나 헤어스타일에 대해 칭찬하면 된답니다.

Q12 외국인을 만나면 처음에 영어로 무슨 말을 꺼내야 할지 모르겠어요. 어떻게 말을 시작해야 하나요?

A 영어권 국가와 우리나라의 문화적인 차이가 있기 때문에, 누군가를 만났을 때 처음 건네는 말도 조금 다를 수 있는데요. 저는 세 가지 팁을 드릴 수 있을 것 같습니다.

첫 번째로는 "시기적절한 질문하기"입니다. 예를 들어, 외국인을 월요일에 만났다면 지난 주말을 어떻게 보냈냐고 물어볼 수 있습니다. 목요일이나 금요일에 만났다면 다가오는 주말에 특별한 계획이 있냐고 물어보면서 대화를 시작할 수 있겠죠. 또, 하루 중 아침에 외국인을 만났다면 아침 인사와 함께 오늘 하루 어떻게 보낼 예정이냐고 물어볼 수 있고, 저녁이나 밤에 만났다면 하루를 어떻게 보냈는지 물어보며 이야기를 이어나갈 수 있습니다. 이렇게 때에 맞는 질문을 건네며 대화를 시작해 볼 수 있습니다.

두 번째로는 "날씨와 관련된 이야기하기"입니다. 특히, 영국 사람들은 영국의 날씨가 워낙 변덕스럽기 때문에 날씨에 대해 정말 자주 이야기하는데요. 외국인 친구를 만났을 때 날씨가 좋다면, 오늘 날씨가 좋다며 이야기를 시작해 볼 수 있습니다. 반대로 비가 내리는 날씨라면 비가 어떻게 내린다든가, 비가 언제 그칠 것 같다는 식의 이야기를 해볼 수 있겠죠. 혹은, 어떤 종류의 날씨를 좋아하는지 이야기할 수도 있고요.

마지막 팁으로는 "칭찬하기"입니다. 위의 질문에서 이야기했듯이 외모에 대해서 칭찬하는 게 아니고, 외국인이 오늘 입은 자켓이 예쁘다고 말하거나, 오늘 헤어스타일이 예쁘다고 말하는 것처럼 옷이나 헤어스타일에 대해 칭찬하며 화기애애한 분위기로 대화를 시작하는 거죠. 이렇게 옷에 대해 칭찬을 한 뒤에 옷을 어디에서 샀냐면서 쇼핑과 관련된 이야기를 이어나갈 수 있고, 헤어스타일에 대한 칭찬을 한 뒤에는 본인이 좋아하는 스타일이나 색깔에 대한 이야기를 하며 대화를 이어나갈 수 있겠죠.

Q13 영국은 정말 사투리가 심한가요? 영국에 가서 말을 못 알아들을까 걱정이에요.

A 제가 앞서 이야기한 것처럼 영국에는 정말 다양한 사투리가 존재합니다. 런던에서 멀리 떨어질수록 사투리가 심해지고, 심지어 런던 내에서도 여러 가지 사투리가 존재하죠. 그렇다고 너무 겁먹으실 필요는 없습니다. 물론, 잉글랜드 북부의 리버풀이나 스코틀랜드의 글라스고처럼 사투리가 유독 심한 지역이 있긴 하지만, 영국의 모든 지역 사람들이 알아듣기 힘든 사투리를 사용하는 건 아닙니다. 특히, 요즘엔 영국 지역 간에 이동하는 일이 정말 쉽고, 많이 일어나기 때문에 각 지역별 사투리의 특성이 갈수록 옅어지고 있습니다. 특히, 젊은 사람들은 윗세대보다 확실히 지역 사투리를 덜 사용하죠. 그러니 영국 사투리에 대해 너무 겁먹지 마시고, 영국에 가시게 된다면 여러분들이 머물 지역 고유의 영국영어에 대해 관심을 가지려고 해보세요. 그러면 영국 영어가 더 흥미롭고 새롭게 다가올 겁니다. 여러분들이 지낼 곳의 영국 사투리에 대해 알아보는 것도 진짜 영국을 경험하고 느껴보는 거 아니겠어요? 그리고 영국 사람들은 본인 지역에 대한 자부심을 갖고 있기 때문에 다른 사람에게 자기 지역만의 영국 영어에 대해 알려주는 걸 정말 좋아합니다. 그러니 영국 영어를 못 알아들을까 너무 걱정하지 마시고, 현지인들에게 물어보고 배워보세요. 영국 사람들은 즐거운 마음으로 알려준답니다.

Q14 유튜버로서 유튜브 영상을 만들면서 가장 보람을 느꼈을 때는 언제인가요?

A 하루는 제가 어떤 영국 사람에게 이메일을 받은 적이 있었어요. 본인은 리버풀 출신 남자인데, 어느 날 캐나다 여자 분과 함께 데이트를 하게 됐다고 하더라고요. 그 분과 데이트를 하다가 리버풀 사투리에 대한 이야기가 나왔는데, 리버풀 남자 분께서 제 리버풀 사투리 영상을 보여준 뒤 함께 제 영상을 시청하게 됐다고 합니다. 그런데 둘이서 너무나 즐겁게 영상을 시청해서 그런지 분위기가 더욱 좋아져 데이트를 잘할 수 있었

고, 그게 다음 데이트까지 이어져 지금은 둘이 사랑에 빠졌다고 하더군요. 그러고는 제 영상이 자신의 사랑을 찾는 데에 도움을 줬다고 저에게 고맙다는 말을 하더군요. 저에게는 정말 신기한 경험이었죠. 제 영상이 다른 사람들에게 즐거운 이야깃거리가 된다는 생각에 뿌듯하기도 했습니다.

또, 오랜 기간 유튜브 영상을 제작하면서 영국에 관심을 갖고 계시는 많은 분들과 소통해올 수 있었는데요. 오랜 기간 함께 소통하다 보면 한국에서 제 영상을 시청하시다가 영국으로 직접 가게 되는 분들도 종종 볼 수 있습니다. 그런 분들께서 제 영상이 영국 생활에 큰 도움이 된다고 말씀해 주시면, 제 영상이 다른 분들께 도움이 된다는 생각에 뿌듯함과 감사함을 느낄 때도 있죠.

또, 제 영상을 시청한 뒤에 영국 영어가 좋아졌다고 말하는 분들도 계시는데요. 영국 영어 덕후인 저로서는 더 많은 영국 영어 팬이 생기는 것 같아 너무나 기쁠 따름이죠. 제가 좋아하는 것을 영상을 통해 함께 즐겨주시는 것만으로도 저는 큰 보람을 느낍니다.

Q15 영어 때문에 스트레스를 받는 분들에게 응원의 한마디를 하자면?

A 보통 우리가 뭔가에 조바심을 내거나 준비가 되어있지 않다고 느낄 때, 혹은 남들보다 뒤처진다고 느낄 때 두려움과 스트레스가 생기는데요. 영어에도 이런 경우가 있죠. "한 달 안에 무조건 실력 완성하기"와 같이 단기간에 목표를 달성하려고 너무 급하게 생각하거나, 다른 사람들의 실력과 자신의 실력을 비교하면서 내가 너무 늦은 것 같다는 생각에 스트레스를 받아 결국 영어 울렁증까지 생기는 경우가 있습니다. 물론 취업 준비로 인해 빨리 영어 실력을 쌓아야 하는 경우도 있지만, 저는 영어 실력을 쌓는 것에 대해 너무 조바심 내지 말고, 남들과 비교해서 너무 늦었다고 낙심하지도 말라고 말씀 드리고 싶습니다.

사실 영어 공부에는 지름길이 없습니다. 그 말인 즉, 영어 공부에는 들여야 할 절대적인 시간이란 게 있습니다. 저도 남들과 다를 것 없이 영어 공부를 했습니다. 다만 저는 영어를 누구보다 좋아했고, 즐거운 마음으로 꾸준히 영어 공부를 해 나갔다는 것. 그게 제 비결이라면 비결입니다. 급하게 생각하지 않았고, 다른 사람들에 비해 뒤처졌다는 생각을 하지 않았기 때문에 스트레스를 전혀 받지 않았고, 두려움도 없었죠.

이렇게 생각해 보세요. 영어와 함께 여행길에 나서는 거라고. 스트레스 받을 것도 없고, 두려워할 것도 없습니다. 다만 긴 여행을 멈추지 않고 꾸준히 걸어가야만 목적지에 도착할 수 있기 때문에, 시간이 조금 걸릴 뿐이죠. 그리고 영어와 함께 여행길을 떠나는 것에 있어서 늦고 말고 할 것도 없습니다. 앞으로 살아가면서 내가 영어를 통해 바꿔 나갈 인생을 생각한다면, 내가 살아온 날보다 내가 바꿔 나갈 날들이 훨씬 더 많지 않을까요? 스트레스 받지 마시고, 두려워 마시고, 지금 바로 영어와 함께 자신만의 길을 걷기 시작해 보세요.

코리안빌리의 인생이 바뀌는 영어